i-smart

智學堂
智慧是學習的殿堂

國家圖館出版品預行編目資料

禿頭的人會有頭皮屑嗎？冷知識追追追 / 冷冬貴編著.
-- 初版.-- 新北市：智學堂文化，民102.09
面 ； 公分. -- (青少年百科；10)
ISBN 978-986-5819-07-1(平裝)
1.常識手冊
047　　　　　　　　102010671

青少年百科：10

禿頭的人會有頭皮屑嗎？冷知識追追追

編　　著 — 冷冬貴
出 版 者 — 智學堂文化事業有限公司
執 行 編 輯 — 林美娟
美 術 編 輯 — 蕭佩玲
地　　址 — 22103　新北市汐止區大同路三段一百九十四號九樓之一
　　　　　　 TEL　（02）8647-3663
　　　　　　 FAX　（02）8647-3660

總 經 銷 — 永續圖書有限公司
劃 撥 帳 號 — 18669219
出 版 日 — 2013年09月

法 律 顧 問 — 方圓法律事務所　涂成樞律師
cvs 代 理 — 美璟文化有限公司
　　　　　　 TEL　（02）27239968
　　　　　　 FAX　（02）27239668

前言 Foreword

　　某天晚上，一個僧人與一位士人留宿在船上。

　　船客都是萍水相逢，無法深談，可是船中的時日緩慢又無聊，只能藉著閒談消遣。士人自認為知識豐富，在艙中高談闊論。僧人顯得有點自卑，獨自窩在角落昏昏欲睡。可是後來僧人聽出士人話中有破綻，於是問道：「請問相公，澹臺滅明（孔子的弟子，七十二賢之一）是一個人還是兩個人？」

　　士人回答説：「是兩個人。」

　　僧人又問：「那堯舜是一個人還是兩個人？」

　　士人説：「自然是一個人！」

　　於是僧人笑了，説：「這樣説來，讓小僧伸伸腳吧。」

　　這是張岱《夜航船》序裡的一個故事，故事中知

識的優勢轉眼間就成為佔據鋪位的優勢。這個士人也實在丟了讀書人的臉，不知道「澹台」是複姓也罷，竟然把堯、舜都當成同一個人，真應該讓他蜷曲著睡才對。張岱在開篇就說：「天下學問，唯夜航船中最難對付。」他所編寫的《夜航船》相當於一部簡單的小百科，書中包含了各種常識，目的是要讓士人們避免出醜。這些瑣碎、龐雜的知識，在現代的說法就是冷門知識。

不要小看冷門知識，雖然食之無用，棄之可惜，但這裡面有很多真正的難題，很少有人能對答如流。而且，無論身在何處，只要有人的地方，這些知識總會突然冒出來，充斥著我們的生活，讓我們無法無視它們的存在。

你知道你的腦袋幾斤幾兩嗎？美人魚真的美嗎？為什麼蟑螂好像聽得懂人話？為什麼雞皮疙瘩不會出現在臉上？身體哪個部位最不怕冷？人有四個鼻孔，你相信嗎？魚香肉絲為什麼沒有魚？綿羊身上的毛會不會縮水？為什麼啄木鳥不會腦震盪？魚有耳朵？日本和服背後為何總是會背一個小包包？……這些看似

　　稀奇古怪又天馬行空的疑問，可以拿來搞笑，但又有教育意義，更可以排遣寂寞、增長見識。本書既能拓展人際，又能解決生活中的實際問題，實是居家必備之良品。

　　擁有此書，你將不會再抱怨生活之無趣，不會再遭到美女之白眼，不會再成為聚會中之默默無聞者；擁有本書，你將變得更博學、更有趣、更受人歡迎。

目錄

第一章　身體的祕密

秃頭的人
會有頭皮屑嗎？
冷知識渡渡渡渡
Can Bald People Get Dandruff?

秃頭的人
會有頭皮屑嗎？
冷知識追追追
Can Bald People Get Dandruff?

第二章　吃飯皇帝大

第三章　動物X檔案

禿頭的人
會有頭皮屑嗎？
冷知識追追追
Can Bald People Get Dandruff?

禿頭的人 會有頭皮屑嗎？ 冷知識追追追

Can Bald People Get Dandruff?

第四章　世界奇遇記

禿頭的人
會有頭皮屑嗎？ 冷知識追追追
Can Bald People Get Dandruff?

第一章
身體的祕密

洗完澡身上就
真的乾淨了嗎？

　　寄生於健康人體的微生物被稱為正常微生物叢，這類微生物叢寄居在人身上，即使你一天洗八遍澡也洗不掉牠們。

　　正常微生物叢分為兩種不同的類型：一種是長久居住類，另一種是暫時居住類。

　　當然，某些奇特且污穢的寄生蟲，也可能加入這一微生物群中，同樣把人體當做棲息場所。

　　科學家說，寄居在人身上的微生物大約有兩百多種，其中有八十種是寄居在口腔裡。

　　人體可說是一個完善的微生物加工廠，我們的身體每年能產出一千億至一百兆個微生物。單單在腸壁上，每一平方公分的區域就聚居著達一百億個微生物；在皮膚上，每平方公分的區域聚居著達一千萬個微生物。我們的牙齒、喉嚨和食道則更是微生物生活的樂園，這些部位聚集的微生物數量都比皮膚表面多

出數千倍。

　　此外，我們的身體還寄居著無數對人體健康無甚大礙的蟎，靠著代謝剝落的皮膚細胞為主食，還有很多寄生蟲到現在科學家們連名字也叫不出來呢！

 # 腦子會越用越靈光嗎？

　　「生命在於運動」，這是生物界的普遍規律，因此腦子的確會越用越靈光。

　　勤於動腦能使腦血管經常處於伸展狀態，腦神經細胞便會得到足夠的養分，繼而使大腦愈加發達並防止早衰。

　　懶得用腦的人，大腦接收到的資訊較少，甚至完全沒有接收任何資訊，就很容易早衰。

　　其實，人體各個部位幾乎都是越用越靈光，大腦也是一樣的。

眼睛會隨著
成長發育而變大嗎？

很多女生很關注眼睛，總想了解眼睛是否會像其他器官一樣，隨著年齡的增長逐漸變大。

很不幸地告訴你，答案是否定的。正常人的眼睛從出生後直到大約八歲前，都還會有小幅度的生長，眼軸會變長一點，角膜也會稍微變大一點，但幅度非常小，基本上看不出太大的變化。

但也有些人的眼睛是例外的，主要是因為眼軸的長度會隨著年齡的增長而不斷變長。不過這種情況反而會導致高度近視，並且他們的近視症狀與大多數人的近視不同，這些人成年之後，隨著眼軸的加長，近視的度數也會不斷加深。所以，長大後眼睛變大不一定是件好事喔。

人家說聰明絕頂，意思是
太聰明的人會禿頭的意思嗎？

聰明就會「絕頂」嗎？答案是否定的。禿頭或光頭，又名禿髮，指頭髮不正常脫落，主要是由荷爾蒙失調所引起，此外營養不良、遺傳、心理壓力、消極情緒、內分泌失調、接受癌症治療等，均有可能導致禿頭。所以智慧和禿頭之間並沒有必然的聯繫，如果真的因為莫名原因禿頭，一定要到醫院就診。

為什麼五根手指不是一樣長？

五根手指為什麼不一樣長呢？由演化的角度來推想，人類手指不等長的原因來自生存環境的需要，是生存競爭的結果。人類最初的生活環境是在叢林野地之中，必須從繁密的樹叢中掏取果實、由蟻丘中掏取

蟲體，或是由獵物的身上掏取內臟。

　　當手指合起來像箭頭形狀時，才可以快速地獲取食物，並且能夠從一些較狹窄的環境中挖取獵物，尤其在食物不足的時候更有用。

　　所以，自然而然地手指便演化成現在的模樣了。

指甲會一直生長嗎？

　　人體發育完全後，身體各部分就不會再生長了，但為什麼頭髮和指甲會一直生長呢？首先，指甲的生長速度與年齡等有關。

　　嬰兒的指甲每星期約生長0.7公釐，隨著年齡的增長，指甲的生長速度隨之加快。

　　成年人的指甲每星期可生長1～1.4公釐，但大多數人過了30歲以後，指甲的生長速度就會減慢。

　　那如果不剪指甲，它也會一直生長嗎？實際上，如果一直不剪，指甲的生長速度就會放得更慢。

　　雖然有新聞報導過，人死後的指甲和頭髮反而更長，但這種恐怖的現象僅僅是錯覺而已。實際上，人在死亡之後屍體便會嚴重脫水，因為皮膚產生收縮，而露出更多的指甲和頭髮，所以乍看之下好像是頭髮和指甲長長了一樣。

關節為什麼會發出聲音？

　　有些人一蹲時膝關節就會有響聲，或是在走路時髖關節會發出輕輕的「喀喀」聲，轉動頸椎、折手指也會有聲音……。這些都是正常現象，也被稱為關節活動，主要發生在關節的面與面之間，或是軟骨與關節面之間、肌腱和關節囊(Articular Capsule)之間等部位，之所以會發出聲響，是因為關節內部缺少潤滑液的關係，因摩擦而產生的。在大部分人身上，這種聲響並不明顯，但在部分人身上則聽得比較清楚。

為什麼肚子餓了會「咕嚕咕嚕叫」？

重要場合遇到「肚子餓得咕嚕咕嚕叫」的情況實在很尷尬，有時還叫得很響！那麼，肚子到底為什麼會叫呢？其實這種現象與神經中樞有關。

我們每天都會吃飯，吃進的胃中飯菜，大約經過四～五小時就會排空。而胃裡的食物排空以後，胃就開始收縮。這是一種比較劇烈的收縮，起自賁門，向幽門的方向蠕動。就是這種收縮導致饑餓感，提醒人體應該進食了。但是我們知道，胃裡面永遠還有一定量的液體和氣體，液體一般就是胃黏膜所分泌出來的胃消化液，量並不太多；而氣體則是進食時隨著食物一起吞咽下去的。這些液體和氣體，在胃壁劇烈收縮的情況下，被擠捏揉壓，東跑西竄，於是就會發出咕嚕咕嚕的聲音。道理就像我們洗衣服的時候，如果衣服中包著一定量的空氣，在水中一揉一搓，也會發出

咕嚕咕嚕的聲音是一樣的。

 # 身體的哪個部位最不怕冷？

你有聽說過眼睛會冷嗎？恐怕沒有。眼球是全身上下最不怕冷的器官，因為眼球上只有主宰觸覺和痛覺的神經，沒有主宰寒冷感覺的神經。

所以，不管溫度多麼低，眼球都不會覺得冷。再之，眼球前方的角膜是不含血管的透明組織，可以使熱量的散失較慢較少，最外層又有柔軟且血管豐富的眼皮，就像兩扇大門似的擋住寒冷。

所以，眼球的溫度實際上比完全暴露在外的鼻尖和耳輪都要高一些。

這就是為什麼我們不用為眼睛加上任何特殊保暖措施的原因。

你的腦袋有多重？

你的體重是多少？這個問題一點都不難，只要找到磅秤站上去，答案立刻揭曉。

可是，你知道自己的腦袋有多重嗎？我們沒有辦法直接測定頭的重量，但我們可以測定體積，再推測密度，最後計算出重量。

頭和身體其他部位一樣，大部分都是由水所組成的，而水在0℃的密度是可知的。

為了測定頭的體積，某實驗室找來一名光頭志願者將他的頭伸入裝滿水，並且溫接近0℃的水桶中。在志願者能夠承受的情況下，將頭朝下垂直放入，讓水一直淹到下頷。水桶中溢出的水則全部收集到另一個大水盆中，就可以測定這些水的體積。

這個動作重複五次之後，計算排出的平均水量為4.25公升，換句話說，志願者的頭部重量就是為4.25公斤。但到這時候，還是沒有辦法得知腦袋的確切重量，因為腦袋還包括骨骼、頭皮、頭髮、血液等。甚

至有人認為呼氣與吸氣時頭部的重量都可能不同，所以只能算出個大概的數值。

大腦是什麼顏色的呢？

有人說大腦是灰色的，事實是至少在我們活著的時候，大腦不會是灰色的。大腦是由一種被稱為髓磷脂的白色脂肪蛋白和含有神經元的灰色大腦皮層構成，但是這些名稱並非對大腦顏色的確切描述。

血液的流通會使大腦呈現粉紅色，直到人死亡之後，血液循環停止，大腦才會呈現暗灰色。

男孩像媽媽，女孩像爸爸，真的嗎？

人們經常說「男孩像媽媽，女孩像爸爸」，但是事實並非如此。

如果把遺傳基因比喻為一張人體設計圖，不管眼睛、鼻子、嘴巴等面部特徵，或是體型特徵，都是孩子同時從父母身上繼承各種遺傳基因而成。既然從媽媽或爸爸身上獲得遺傳基因的機率是相同的，若要認定來自父親或母親的基因影響力較大，便是不科學的說法。並且在雙親身上較不明顯，甚至根本沒有表現出來的特徵，也有可能在孩子身上表現出來。

所以，這種說法儘管廣為流傳，實際上並沒有科學根據，只是根據孩子的部分外在特徵所作出來的大致判斷而已。

「脾氣」跟脾臟有關嗎？

我們經常會說某個人脾氣很大，那麼脾氣和脾臟有關係嗎？其實，這只是我們習慣性的說法而已。脾

氣是由肝決定的，肝火旺的人，脾氣往往比較大。事實上，脾氣太大是一種病，中醫理論認為：「肝為剛臟，喜條達而惡抑鬱，在志為怒。」意思是说，肝屬於剛強、躁急的臟器，喜歡舒暢柔和的情緒，而不喜歡抑鬱的情緒，其情緒表現主要為發怒。

　　所以，善怒與肝有關，主要為肝鬱氣滯、肝火上炎、脾虛肝盛三種症狀。

為什麼害羞的時候臉會紅？

　　小説裡常常見到女主角羞紅了臉蛋的場景，為什麼害羞會臉紅呢？其實，臉紅是受到大腦所指揮的。每當看到或聽到使我們害羞的事情時，眼睛和耳朵就會立即把消息傳給大腦皮質。大腦皮質除了與有關的部位聯繫外，還會刺激腎上腺，腎上腺一受刺激便立刻做出反應，開始分泌腎上腺素。

　　腎上腺素有一個特點，就是少量分泌的時候能夠

使血管擴張，尤其是臉部的皮下小血管；而大量分泌的時候則會使血管收縮。

所以想克服臉紅很簡單，在見到令你興奮的事物或處於讓你感覺不自在的場合時，只要儘量保持心情平靜如水就可以了，再來就是平時多結交新朋友，多參加社交活動，多和陌生人交流。習慣這樣的心境，就不會對陌生社交場合太過敏感了。

為什麼「餓過了頭」就不餓了？

工作一忙起來，有些人根本沒有時間吃飯，剛開始可能餓得不行，但忍一會兒後就會覺得好像沒有先前那麼餓。很多人就用「餓過頭」來解釋。可是為什麼會這樣呢？經過科學研究發現，每個人對味道、溫度、饑餓的感覺其實都有習慣性。也就是說，當你習慣了、適應了，感覺鈍化了，你的反應也就不會再那麼強烈。比如餓的感覺就是這樣，過了一陣子反應就

會降低。但如果是絕食，同樣餓過頭也可能沒什麼感覺，可是原因就不是感覺鈍化的關係了。因為人體在長時間未進食的情況下，會自動分解體內脂肪來支撐人體機能的運作。這時，胃裡就會產生酮，這種物質會麻醉食慾中樞神經，因此降低了饑餓感。

為什麼血是紅的
而血管是綠的？

　　把抽出來的血液加入抗凝劑，再用離心分離器分離，便可以很容易地將血液分離成紅色的固體和黃褐色的液體（也就是血漿）。顯然，紅色成分是存在於固體之中的。而固體的成份則是由三種不同的細胞混合在一起，分別稱為紅血球、白血球和血小板。紅血球中有一種被稱為血紅蛋白的物質，這種物質就是血液中的紅色成分。

　　至於血管方面，在不同的血管中，血液因含有的

氧氣量不同而呈現兩種顏色：鮮紅色和紫紅色。血液在肺中吸足氧氣後是呈現鮮紅色，氧送到身體各部分之後，血液中的含氧量減少了，顏色就變成紫色。紫色的血液透過手和腳的皮膚以及血管壁，看起來就變成青色了。所以，雖然血是紅色的，但透過皮膚能看到的血管卻是青色的。

長了智齒就會變聰明嗎？

民間流傳著一種古老的說法，認為智齒長越多的人越聰明，真的是這樣嗎？事實上，智慧和智齒之間並沒有必然的聯繫。在茹毛飲血的年代，如果沒有智齒，人類根本沒有辦法生活，因為智齒可以幫助人咀嚼堅硬的東西。由於現代生活水準的提高和食物的精緻化，使得人類的顎骨退化，連帶造成牙齒的生長空間不足，因此也導致智齒的生長期延後。人的恆齒數量大約在28～32顆之間，其中有些是在成年以後才

會長出來。只因為這段時間正好是人類身體和智力的
成熟時期，因此人們習慣上將成年後長出的牙齒稱為
智齒。

　　智齒總共有四顆，但生長時間卻因人而異，多數
人的智齒生長期在二十歲左右，但也有些人可能延遲
到五十歲左右，甚至終生都不會長。這些都是正常的
生理現象。

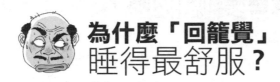

為什麼「回籠覺」
睡得最舒服？

　　清晨醒來不一會兒，又感到睡意朦朧，有些人會
硬撐過去，但是有些人又會倒頭睡一個回籠覺。很多
人覺得，回籠覺睡起來總是格外舒服，這是什麼原因
呢？原來，人的睡眠階段中有一個淺睡眠階段，早上
的回籠覺就屬於淺睡眠。在淺睡眠階段，視覺和聽覺
仍能感覺到周圍環境的變化，身體有一種飄浮感，就

像遊走在夢境與現實之間，所以覺得特別有快感。

　　尤其對老年人來說，短時間的回籠覺更能夠滿足生理需要，對健康是有益處的。但是晨間運動之後睡回籠覺，對老人的身體卻是不利的，因為運動後老人的心跳、呼吸加快，精神亢奮，肌肉也會因運動而產生乳酸等代謝物，這種代謝物如果不消除，容易使人感到身體疲乏、肌肉酸痛，甚至頭痛。在運動後立刻躺下來睡覺，並不利於乳酸的排除。

人有幾個鼻孔？

　　人有幾個鼻孔？這問題乍聽之下真是個笨問題，但答案卻會嚇你一跳：人總共有四個鼻孔。兩個看得見，兩個看不見。

　　魚類大多數也有兩對鼻孔，朝前的一對進水，後面的一對排水。魚類的呼吸跟鰓有關，鼻孔所主宰的是嗅覺。

　　問題是，人類的另一對鼻孔在哪裡呢？答案是這對鼻孔已經退化到腦袋的內部，被稱為「後鼻孔」，希臘語的意思是「漏斗」。這對鼻孔與喉嚨相連接，可以使我們通過鼻子來呼吸。此外，兩個外部鼻孔還有探測不同味道以及發出鼻音的功能。

 # 什麼樣的人睡覺容易打呼？

　　根據調查，全世界大約有近二十億人會打呼。那麼他們在外觀上有沒有相似的地方？

　　研究指出，三十五歲以上的男性和更年期以後的女性容易打鼾；上呼吸道狹窄的人也容易打鼾，如：兒童扁桃腺肥大、有鼻息肉、下頜畸形的情況等。另外，肥胖是引起甚或加重打呼的重要因素。

　　有人認為打呼代表睡得很香，但其實打呼是很危險的。

　　因為打呼會使睡眠呼吸頻繁地暫時中止，容易造

成大腦、血液嚴重缺氧，導致低氧血症，繼而誘發高血壓、心率失常、心肌梗塞、心絞痛等疾病。夜間呼吸暫停時間若超過一百二十秒，則容易在凌晨發生猝死，所以不要以為打呼沒什麼喔。

人死後會變成鑽石嗎？

人死後會變成什麼樣子？你一定會回答骨灰，但是若有人告訴你骨灰能提煉出鑽石，你相信嗎？

人體中有20%的成分是碳元素，而鑽石的成分也是碳。碳分子在高溫高壓的條件下會改變分子結構，變成鑽石。

天然鑽石的形成正是因為在地核內受到高溫高壓擠壓的關係，而工業上廣泛應用的人造鑽石也是採用這種製造方法。所以若從骨灰中提取一些碳元素，然後放到坩堝中燒，使溫度達到三千度，再進行一些工藝加工，就能形成粗鑽了。美國有一家公司——「生

命珍寶紀念物」就開發出一種人工合成鑽石的技術。
該技術就是從骨灰中提取碳元素，合成藍色或者黃色
的鑽石。不少人希望用這種方式來緬懷逝者——以光
芒四射的鑽石來代替灰暗冰冷的骨灰盒。

自己搔自己
為什麼不覺得癢？

　　如果你有被別人搔癢或者搔別人癢的經歷，就會
發現一個有趣的現象：被別人搔癢的時候，會忍不住
發笑，而當自己搔自己的時候，卻不會發笑。這是為
什麼呢？原來，別人搔你癢時忍不住發笑，是一種人
類與生俱來對抗恐懼的本能反應，由小腦所主宰。所
以當人自己搔自己癢時，小腦就會發出信號，告訴大
腦其他部分不要對這種刺激給予反應。

你用哪隻耳朵接聽電話？

當你的另一半打電話給你時，你習慣用左耳還是右耳接聽呢？電影和電視劇中男女主角擁抱的時候，大多是左側。這是偶然現象嗎？

愛情本身就是一種浪漫的感性活動，根據科學家研究，人的左腦被稱為「意識腦」、「學術腦」，主導的是理性；右腦則是「本能腦」，控制情感。左耳接聽電話之後，接到的信號進入右腦，兩個人就更會為愛情感動彼此；但若是上司打來的電話，這個時候左腦必須較活躍，因此用右耳接電話會更好。

為什麼頭髮比眉毛長得快？

毛髮的生長速度因為受到各種因素的影響而有所不同。眉毛和睫毛的生長期約為二個月，休止期可長

達三～九個月；而頭髮的生長期則平均為二～六年。因此，頭髮會比眉毛長得快。人體毛髮和皮脂腺、汗腺、指甲一樣都是皮膚的附屬物，由角化的表皮細胞變化而來。毛髮分為長毛、短毛和微細毛髮三種：長毛為頭髮、鬍鬚、陰毛和腋毛等；短毛為眉毛、睫毛、鼻毛和外耳道的短毛；微細毛髮就是汗毛。

　　毛髮的生長是毛球中一些細胞不斷分裂分化的結果。而影響各部位毛髮生長的因素各不相同：額部是由雄性激素促進生長；顳部、眉毛外側1/3處則由甲狀腺素控制；腋毛、陰毛是由腎上腺皮質所分泌的雄性激素所控制；鬍子、胸毛、四肢的毛髮則由睪丸所分泌的雄性激素所控制。所以如果激素分泌比例失調，婦女也可能長出鬍子。

有些人站在公車裡打瞌睡，為什麼不會摔倒？

在公車上，我們經常會看到站著睡覺的人，他們的身體隨著車的移動搖來搖去，但就是不會摔倒。有時候明明看起來就要歪下去了，馬上他又掌握了新的平衡，但是人看起來還是睡著的樣子，這很奇怪吧？

這是因為人的耳朵裡有一個器官叫做半規管，這個器官主宰身體的平衡，能使人們在將要失去平衡那一刻及時地調整身體。有的人很容易暈車，原因就是內耳前庭和半規管比較敏感的關係。

冷的時候為什麼
牙齒會「打架」？

冬天很冷的時候，常會聽到牙齒打架發出「喀喀」的聲音，這是為什麼呢？

人體的溫度會保持恆定，當外界的溫度過高時，人體就會用出汗的方式將溫度降下來。而當天氣很冷的時候，因為身體內臟活動產生的熱量不足以抵消散

熱的速度，這時身體就會指揮骨骼肌進行運動，以產生熱量。

由於牽引兩側下頜關節的咀嚼肌受冷刺激後收縮不平衡，導致下頜關節活動紊亂，就產生了上下牙齒相互碰撞。

這時骨骼肌的運動因為不受大腦指揮，繼而出現身體打顫和牙齒打架的現象。

 # 為什麼沒辦法
睜著眼睛打噴嚏？

你也許曾經發現過自己無法睜著眼睛打噴嚏，這是為什麼呢？這是因為在長期進化過程中，大腦為了保護脆弱的眼睛所形成的本能反應。

眼皮的睜開與閉合主要是由環狀的眼輪匝肌和扇狀分佈的提上瞼肌完成。需要閉眼時，由大腦發出指令，經過神經傳導控制眼輪匝肌收縮，眼皮就會閉合

起來；需要睜眼時，大腦便會支配提上瞼肌收縮，眼輪匝肌鬆弛，眼睛就睜開了。

打噴嚏由於需要很大的力量排出氣體，在那一瞬間肺部、口腔、鼻腔內都有很大的壓力，這種壓力可以使噴出的氣流達到每小時一百六十公里的速度，能噴到三四公尺以外！

如果睜著眼睛打噴嚏，壓力有可能嚴重損壞淚腺導管，甚至使視神經受到創傷。

 # 你會不會掀動鼻孔？

根據統計，只有30%的人可以自由地掀動鼻孔，這個動作與遺傳基因有關係。

各種生物都是由基因控制著各種性狀，人類基因性狀更為複雜。

有些人的舌頭能捲起來，有些人不能；有些人的拇指是往上翹的，有些人不能；有些人的無名指比食

指長，有些人則相反……這些都是由基因所控制。鼻
孔能否自由掀動也一樣，是取決於個體的基因。

 # 人體最強韌的肌肉是哪一塊？

　　人體中最強韌有力的肌肉是舌頭。舌頭主要由肌
肉組成，上面有一層厚厚的黏膜。

　　舌頭是人體中功能最多的器官之一，對說話和進
食都十分重要。

　　舌頭是感覺器官，能讓人領略食物的美味和進食
的樂趣。舌頭還是一個靈巧的工具，能把食物送進口
腔，幫助牙齒咀嚼，並在嚼碎後把食物搓成一小團，
以便吞咽。

　　舌頭還能向上後方移動，緊貼硬顎，把食物團推
到口腔後部，壓進食道。

人體內水分最多的部位是哪裡？

　　人幾乎是由水所組成的，水占身體總量的70%左右。人體內的所有化學反應都在水這個介質中進行，身體的消化功能、內分泌功能都需要水，而且水還是調節體溫的重要介質。人體不同器官的水分含量差別很大，眼球含水量99%，大腦85%、血液85%、肌肉76%、骨骼22%……在人體所有器官中，眼球是含水比例最高的一個。

　　所以我們經常說「水汪汪的大眼睛」，這句話果然有其道理。

聲音也會變老嗎？

　　聲音會變老嗎？答案是肯定的。

聲音受聲帶的影響而有變化，人老了，皮膚就會出現鬆弛、斑點等。

聲帶也同樣會鬆弛，也會有瑕疵，這時聲帶所發出來的聲音就會低沉而衰老。相反地，如果是年輕而緊緻的聲帶，發出來的聲音往往洪亮而清脆。不過，通過特殊訓練，也可以使聲音保持洪亮清脆。

做過胃切除手術的人
還能消化食物嗎？

有些人的胃出現病徵之後，醫生只好對胃進行切除手術，但沒有了胃怎麼消化食物呢？

首先，胃部切除手術很少有全部切除的，因為胃病一般不會發展到胃部全部潰爛或穿孔的地步。

其次，胃是可以再生的器官，即便切除3/4，經過一段時間之後就會長回原來的大小。

所以剛開始時胃容量小，就少吃多餐，隨著胃部

體積逐漸恢復，胃容量逐漸增大，消化量就會恢復到原來的水準。

　　胃的作用主要是「碾磨」食物以及分泌部分的消化酶，另外還有許多消化酶是由肝臟、胰臟所分泌，而養分的吸收主要則是在小腸裡進行。所以，胃即使全部都切除了，只要進食流質食物或稀薄的半流質食物，在小腸裡照樣可以被消化吸收。

為什麼有些人的頭髮是「自然捲」？

　　很多女生喜歡把頭髮燙得捲捲的，燙髮劑還可以變出很多花樣。但實際上，頭髮的髮根並不捲，過一些日子就又直了。但也有些人頭髮天生就是捲曲的，這是因為這些人髮絲橫切面呈橢圓形、腎臟形或卵形的緣故。每個人的頭髮結構都不相同，把頭髮的橫切面放在顯微鏡下觀察就可以發現，有圓形、扁平形、

卵形、橢圓形、腎臟形等，橫切面形狀的不同是構成髮絲捲曲或直順的關鍵。

如果呈橢圓形或腎臟形，頭髮就顯得短而捲，很多黑人都是這樣的頭髮；如果呈圓形，頭髮就顯得直而粗，這種頭髮東方人較多；如果呈卵形，頭髮會呈大卷或呈波浪狀，這種頭髮西方人較多。

頭髮的髮型和顏色雖然可以改變，但如果頻繁燙髮或染髮，對頭髮並沒有好處。

因為燙染劑中都含有化學成分，會為頭髮帶來損傷，容易導致頭髮脆弱、易斷等問題。

禿頭的人會有頭皮屑嗎？

禿頭的人就沒有頭皮屑嗎？頭皮屑又是什麼呢？頭皮屑就是皮膚的污垢，是表皮角質層不斷剝落而產生的，也是新陳代謝的結果，分為生理性頭皮屑和病理性頭皮屑。

禿頭的人也會有頭屑，因為頭皮總是會一直代謝脫落，就跟人體的表皮一樣。

只是禿頭的人表皮脫落後很難在頭上存留，所以很難注意到。

為什麼人的 嘴唇顏色有深有淺呢？

最美的唇色是粉紅色，可是為什麼人們嘴唇的顏色有深有淺呢？其實這跟血型、血液濃度、營養和內分泌有關係。

另外，嘴唇的顏色也和疾病有關係。例如：嘴唇發黑是消化系統異常；嘴唇青紫是血液循環不佳；發燒時唇色是深紅色的。所以，嘴唇的顏色也可以判別我們是否患病。

耳屎**的作用是什麼？**

　　耳朵裡面黃色的東西是什麼呢？人們一般稱為耳屎。千萬不要小看耳屎，它可發揮著巨大的作用。耳屎又名耳垢，學名耵聹，是由耳道內的耵聹腺所產生出來的油脂性分泌物，呈黃色。耳屎能夠在耳道皮膚表面形成一層酸膜，這層酸膜具有輕度的殺菌作用。耳屎和細毛不僅能吸附進入耳道的灰塵和微生物，驅逐飛入耳內的小蟲，保持耳道的清潔，而且能使耳道空腔稍稍變窄，過濾並緩衝傳入耳道的聲波，使鼓膜不致因強聲而震傷。因此，耳屎對保護聽覺器官有一定的功勞，並不是沒用的廢物。

為什麼人的膚色**會有不同？**

　　黃種人膚色為淡黃或棕黃，黑種人膚色黝黑，白

種人膚色則多為淺淡色，但也有深色的。那麼，不同
人種的不同膚色是怎樣形成的呢？膚色的不同與黑色
素分泌量多寡和分佈狀態不一致有關。

　　早期不同膚色的形成與環境有著密切的關係。專
家認為人類首先是在非洲和亞洲南郊地區進化而來。
那裡陽光充沛、紫外線強烈，所以人的皮膚多為黑
色，以便抵擋強烈的陽光。隨著古人類的遷移和人類
社會的發展，地理環境對人體的作用不斷變化，於是
人的膚色便從深色變成淺色，或從淺色變成深色。此
外，不同人種的膚色也與遺傳基因有一定的關係。

　　其實，較深的膚色對人體有著一定的保護作用，
尤其在熱帶地區，可保護人們不被紫外線灼傷，保護
血管等組織免受傷害。

我們每天都會做夢嗎？

　　人睡覺時會做夢是因為即使處於熟睡狀態，人體

和周圍環境也並非完全隔絕，某些外界刺激仍能通過感覺系統傳入大腦，使得大腦中某些細胞群進入覺醒狀態，因而做起夢來。實際上，只要在睡覺時，我們都一直在做夢，只是有的夢記得住，有的卻記不住。因為夢是大腦在無意識中將腦內資訊無序地連接而成，能不能記住，取決於大腦的腦波。

　　腦波有四個等級，所以我們的大腦也會處於四種不同的狀態，分為 α、β、δ、θ。睡覺時，我們的腦波處於 θ 腦波，這種腦波是人們沉溺於幻想，或者剛入眠時所發出的。這時候我們基本上處於淺睡期，所做的夢很容易被記住，但如果生活壓力過大或是睡眠比較差的人，就容易造成連續劇式的夢境，這樣的夢就會不停地做，但是我們記不清，就會以為沒有做夢。

 # 為什麼紋身洗不掉？

　　許多民族有繡面、紋身的習俗，有些部落中，女子十二歲左右就會開始紋身，這些紋身將伴隨她們一生。為什麼紋身能夠一直留在身上呢？紋身其實就是用沾了墨的針刺入皮膚底層，在皮膚上形成一些圖案或文字。人們在身體上刺下有象徵意義的花紋，以表示吉祥或崇拜的意思。針刺入的深淺並非絕對，只要顏料能夠進入真皮層之下就可保存下來。

　　並不是所有人都適合紋身，例如：容易產生蟹足腫的體質就不能紋身，因為這些人的傷口在癒合時會有凸起的組織增生，因而會破壞紋身圖案的美感與整體性。

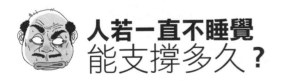

人若一直不睡覺能支撐多久？

　　新聞曾經報導過，某個人自從出車禍之後，就得了一種怪病導致三年都沒有睡覺。但我們也看到過很

多人因為工作或打電玩連續幾天都沒有睡覺而猝死的報導。於是心裡不禁產生疑問，人若不睡覺到底能支撐多久？真的可以三年不睡覺嗎？

其實，人的一生有1/3的時間是在睡眠中度過的，所以睡眠品質的好壞便直接關係著身體的健康，不睡覺意味著記憶錯亂、內分泌紊亂、臟器受損、皮膚衰老、免疫力下降……就目前來看，在正常外界刺激的情況下，大約七十小時之後，大腦分泌的激素就不足以維持心跳和呼吸，這是基本可以確定的臨界狀態。但是根據記載，若在強烈外界刺激和巨大精神支柱同時存在的情況下，人大約可以堅持兩百個小時不睡覺。

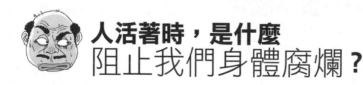

人活著時，是什麼
阻止我們身體腐爛？

人死後過不了多久身體就會開始腐爛，活著的時

候卻不會，這是為什麼呢？人體是由細胞所組成的，
活細胞具有選擇通透性，能阻止有害的細菌和物質進
入活細胞，還能進行新陳代謝自我更新，保持活性，
使人有免疫功能。人體死亡之後，防禦系統不再正常
工作，便無法自行清除體內的細菌，保護身體機能。
這時大量腐生菌侵入身體，屍體便會迅速腐爛。

為什麼人變老後 臉上會長皺紋？

　　皺紋是女人的大敵，為什麼人臉上會長皺紋呢？
皺紋的出現，與年齡、表情肌和地心引力有關。當表
情肌收縮時，皮膚也會收縮，因而出現皺紋。正常而
年輕的皮膚都具有一定的彈性和張力，所以當表情肌
鬆弛時，皮膚可以很快復原，不會出現皺紋。但一進
入中年之後，皮膚開始明顯老化，變薄、變硬，真皮
彈力纖維也開始變性、斷裂，皮膚的張力和彈性相對

降低。就這樣，當表情肌鬆弛後，皮膚就沒辦法像以前那樣很快復原，久而久之皺紋便固定了下來。也就是即使表情肌不收縮，皺紋也依然存在。隨著年齡的增長，皮膚和皮下組織更加鬆弛，加上面部其他組織的萎縮或缺失以及肌肉的鬆軟，皮膚便會在重力的作用下發生下墜，形成更深的皺紋。

　　二十五歲以後，皮膚的老化過程開始，皺紋漸漸出現。出現的順序一般是前額、上下眼瞼、眼眶、耳前區、臉頰、頸部、下頜、口周。但是，變老是自然規律，不可避免，依靠藥物減少皺紋的做法是不可取的。

自己憋氣可以憋死自己嗎？

　　我們在遇到緊急情況時常會不自覺屏住呼吸，那麼人屏住呼吸時會憋死嗎？人是不可能自己把自己掐死或捂死的。在沒有外力的情況下，一個健康的人是

做不到的自己屏住呼吸或是摀住鼻子「自殺」的。根據記錄，憋氣時間最長可達十三分鐘。人只會憋暈自己，暈倒之後呼吸功能便由大腦掌控，這時肌肉就自然放鬆了，呼吸也會逐漸恢復。除非有哮喘之類的疾病，否則呼吸的本能會把你自己給「救」回來。

心臟的力量有多大？

你熟悉自己的身體嗎？如果答案是肯定的，那請問你瞭解自己的心臟嗎？心臟為什麼會跳動呢？原來心肌細胞組織具有極強的生命力和搏動力。如果你有機會見到實驗室培養皿裡面尚未發育成熟的心肌細胞組織，就會發現，它們本身就會搏動。心臟是天生的起搏器，收縮和舒張都是由它送出信號告訴心肌，而不是由大腦來指揮。

心臟一直不停地跳動著，在最安靜時每分鐘跳動70～90次，每次輸出量約為70毫升。就這樣，每天

要跳動115200次，送出的血液約為8000公升，重約8噸，是心臟本身重量的30000倍。如果你從事的是跟體力相關的勞動工作或是體育活動，心臟血液輸出量更會是安靜狀態的六倍之多。

人體能夠通過調節體溫來改變生物時鐘嗎？

根據研究證明，人的體溫波動對生物時鐘會產生很大的影響。比如：體溫下降時容易引起睡意，這就是利用體溫調節生物時鐘的證明。

體溫調節一旦失控，就會引起睡眠生物時鐘發生紊亂。而控制體溫的方法很多，例如：睡前洗澡，或睡前做二十分鐘的有氧運動等，都可以讓睡覺的時候體溫有所下降。總之，只要養成習慣，人就會按時入睡。

但要記住生物時鐘是不能輕易破壞的，千萬不要

在星期六、星期天晚上熬夜，而白天卻睡懶覺，以免破壞了自己的生物時鐘。

人為什麼會眨眼？

想知道自己一分鐘內的眨眼次數嗎？

據估算，正常人每分鐘要完成眨眼動作十幾次，平均二～六秒一次。人們喜歡將眼睛形容為心靈之窗，眼瞼就像窗簾，懸掛在眼球外面，按照一定節奏做著開開合合的工作。

眨眼是一種正常的生理活動，醫學上叫做瞬目運動，其實就是指眼瞼的開閉。

眨眼是一種保護性機制。由於人的角膜並沒有血液供應，所以非常脆弱，若時刻暴露於空氣中，很快便會因為喪失水分而出現乾燥問題。

此外，人的眼睛也不像魚，沒有透明膜的保護，所以眨眼動作很重要。在眼瞼闔起來時，淚水便會均

匀分佈在角膜和結膜上，使眼睛保持水潤狀態。同時，眨眼還能清除角膜和結膜上的灰塵和細菌，保持眼睛健康。

此外，眨眼也能短暫阻隔眼睛與外界光線的接觸，讓視網膜與眼球的肌肉暫時得以休息。

打鼾的人為什麼 不會吵醒自己？

打鼾的聲音有時可高達八十分貝，不亞於繁華大街上的汽車噪音。但是，這麼響的聲音為什麼不會吵醒自己呢？我們的身體在睡覺時抵抗噪音的能力會隨著睡眠程度而變化，即使比火警的音量還要大，甚至打呼聲超過一百分貝，也不一定能吵醒處於深度睡眠中的人。

打呼成因是懸雍垂和呼吸的氣體產生震動，這時候懸雍垂發出的聲音傳到外界勝過傳到自己的耳蝸，

所以自己聽不到。偶爾一聲比較響亮的呼聲會可能讓人醒個幾秒鐘,但不足以完全清醒,第二天也不會記得。

因此,打呼者第二天完全不會覺得自己的睡眠受到了干擾,枕邊人如果睡得好的話,也不一定會記得自己被吵醒了幾次。但是這樣的噪音還是會影響睡眠品質,被吵醒過的人,即使不記得,第二天還是會很容易覺得睏。

常剪頭髮真的能
促進頭髮生長嗎?

經常剪髮並不能加速頭髮生長。那麼怎樣才可以快速生髮呢?

長頭髮是需要調理的,身體先調理好了,頭髮自然就會長出來,這樣的方式長出的頭髮才最健康。頭髮的主要成分是角蛋白,含有多種氨基酸及幾十種微

量元素。若缺鐵和蛋白質，頭髮就會變黃分叉。

多做按摩，多吃點堅果，就可以促進頭髮生長。

 ## 白酒和紅酒哪一種
更容易導致宿醉？

古老的說法認為喝白酒就算喝醉，隔天也不會頭暈頭痛，真的是這樣嗎？蘇格蘭衛生署印製的傳單上說，酒類顏色越深，宿醉效應越大。威士忌、紅葡萄酒或白蘭地，比伏特加或白葡萄酒容易導致宿醉。

因為深色酒類中含有一種酒類芳香化合物，可以為酒精飲料帶來獨特的顏色和味道，這是釀酒時原料發酵並儲存很久之後自然產生的副產品。

正是這種副產品會使你在第二天醒來時產生不適感，也就是俗稱的「宿醉」。

因此，若不喜歡宿醉的感覺，高粱酒和伏特加等淺色酒類也可以是選擇之一。不管喝什麼酒，都要記

住酒後不可以開車。

 **傳說古代接生婆在孩子生下來之後，
就直接在臍帶上打一個結，真的嗎？**

　　傳說孩子出生後，接生婆會在臍帶上綁一個結。
這是真的嗎？臍帶是所有哺乳類連接胎兒和胎盤的管
狀結構，是由羊膜（胎盤的一部分）包裹著卵黃囊和
尿膜的柄狀伸長部形成的。臍帶中通過尿膜的血管即
臍動脈和臍靜脈，卵黃囊的血管即臍腸系膜動脈及臍
腸系膜靜脈。所以臍帶的外觀看起來很粗，根本不可
能打結。電視劇裡古代的接生婆接生完之後會用小刀
或鋒利的燧石剪斷臍帶。而醫療條件發達的現代，經
常是用塑膠夾子夾住臍帶，以切斷血液供應，然後用
剪刀在夾子上方剪斷臍帶。

　　三天後再將夾子拿掉，殘留的臍帶便會逐漸乾枯
壞死發生萎縮，並在出生後五～十天自行脫落。

為什麼有的笑話會
讓我們發笑，有的卻不能呢？

　　為什麼聽別人講笑話，有的時候你會笑，有的時候不會呢？

　　原來在我們大腦中央前額皮層有一個區域比較活躍，而且其活躍程度與笑話的可笑程度明顯相關，這個區域就是大腦的額葉。

　　根據研究指出，這一區域與獲得報酬和獎賞的愉快感有關。大腦接收笑話之後就會將其輸送到這一個區域，在這裡評估值不值得為這個笑話發出笑聲。

時差會對身體產生影響嗎？

　　經常性的日夜顛倒會為大腦的健康帶來危害，所以如果經常橫渡許多時區，那麼他的大腦將會受到損

害並產生記憶方面的問題。罪魁禍首可能是大腦在頻繁的日夜顛倒過程中所釋放的激素，這種激素會損壞頂葉和記憶。

　　所以，輪班工作者也面臨同樣的危險，頻繁改變工作時間會為身體和大腦帶來一定的壓力。

大腦需要的熱量有多少？

　　據研究，大腦本身一天所消耗的能量比一台冰箱內的燈光消耗得還要少，只要兩根香蕉就可以維持大腦一天的運轉。

　　令人驚奇的是，即便如此，大腦卻是所有人體器官中消耗能量最多的。

　　人體每天消耗的熱量可分為三類：基礎代謝佔70%，是人體各臟器、腺體、神經細胞活動所需的熱量，也是人體維持生存所需的最低熱量，基礎代謝率的高低會隨著年齡的增長逐漸下降。其次是活動代謝

佔20%，這是人在走路做事時所消耗的熱量，活動量越大，消耗的能量就越多。最後是進食時人體進行消化吸收所消耗的熱量，約佔10%。

　　大腦的重量雖然僅占體重的2%～3%，但它所消耗的能量卻占了基礎代謝率的1/6。大腦的絕大多數能量都被用於維護日常運轉，而冥思苦想所消耗的能量幾乎可以忽略不計。

砍頭會不會疼？

　　砍頭會疼嗎？被砍頭的人要多長時間才會失去意識？實際上砍頭是會疼的。根據醫學研究指出，人在被砍頭後的十秒左右還是有知覺的，不管砍頭的方法多麼迅速，被砍頭的人總是免不了感受到幾秒鐘的疼痛。

為什麼雞皮疙瘩不會出現在臉上？

　　當人體感覺到冷時，皮膚上就會出現一顆一顆像米粒一般的疙瘩，就像去了毛之後的雞皮一樣，因此又稱「雞皮疙瘩」。

　　雞皮疙瘩也是人類老祖宗──猿猴的遺跡。猿猴覺得冷的時候，為了使自己更加溫暖，就會將毛豎立起來，以加厚空氣層；同時，也使體形看起來更加魁梧，達到嚇退敵人的效果。所以人的身體一接觸到冷空氣，同樣會立即收縮毛髮而產生雞皮疙瘩。這種現象不僅是四肢，連臉上也會出現，只是因為臉部比較耐寒，血液循環系統作用較強，並且立毛肌又已經退化，所以不會很明顯。雖然雞皮疙瘩看起來不是很好看，但是作用卻不能小覷，它可以避免體熱透過毛孔發散出去，因此有保暖的效果。

女人比男人更怕冷嗎？

在同樣環境下，女人實際感覺到的溫度會比男人所感受到的低，這是什麼原因呢？

首先，男人身上的肌肉多、脂肪少，而女人身上的肌肉少、脂肪多。肌肉能使碳水化合物和脂肪在氧化的過程中消耗掉大量的卡路里，散發出大量熱能，所以男人相對不怕冷。其次，從生理角度來看，女人皮膚裡的「感測器」比男人靈敏，會更快將「冷」的資訊傳遞到大腦，所以女人比男人容易感覺冷。大腦接收到冷的資訊之後，便會立即下令新陳代謝系統加速工作，接著命令血液循環系統退守到第二道防線，也就是從皮膚、四肢退守到軀幹。

這也是氣溫低時女人總是比較容易手腳冰涼的原因。

魚翅的營養價值真的很高嗎？

　　魚翅料理在中式餐點中，一向被認為是名菜。這種食材來自鯊魚鰭中的細絲狀軟骨部位，鯊魚屬於軟骨魚類，鰭骨形似粉絲，但吃起來比粉絲更脆，口感更好。同一種鯊魚身上不同位置的翅也會有不同的名稱和定價，主要分為腹部、胸部、鰭部和尾部的魚翅等。從現代營養學的角度來看，魚翅本身並不含有任何人體容易缺乏或高價值的營養，只是魚翅的烹調工藝十分複雜專業，幾乎不容業餘者染指，因此為魚翅羹的高昂價格提供了理由。然而如今全球提倡環保以及愛護動物，人類應盡可能選擇營養且環保的食物，避免食用魚翅這類非必要的食物。

「青蔥拌豆腐」營養嗎？

　　吃涼拌豆腐時，我們總喜歡灑點蔥花增加風味。那麼，蔥和豆腐放在一起吃健康嗎？

　　豆腐中含有豐富的蛋白質、鈣等營養成分，而蔥中含有大量草酸，豆腐與蔥一起食用時，豆腐中的鈣會與蔥中的草酸結合，形成白色沉澱物──草酸鈣，使得豆腐中的鈣質遭到破壞。如果長期食用青蔥拌豆腐或是青蔥炒豆腐之類的菜，就會造成人體鈣質的缺乏，易出現小腿抽筋、軟骨症、骨折等。所以豆腐料理應該避免放蔥，以免破壞其營養成分。

　　此外，豆腐和同樣含有草酸的蔬菜，如：菠菜、鮮筍、苦瓜等一同料理時也要先用沸水將蔬菜燙一下，去掉大部分草酸之後再食用，這樣就可以防止草酸鈣的合成。

喝無糖可樂真的不會胖嗎？

　　市面上賣的無糖飲料，比如：無糖可樂真的無糖

嗎？其實，這類飲料並非無糖，而是不含蔗糖。換句話說，就是有其他種類的甜味劑存在。

　　所以，因為想減肥而飲用無糖飲料是不可能達到目的。只要是水以外的飲料，還是應當有所節制，盡量少喝為妙。

雞蛋越新鮮越好**嗎？**

　　雞蛋越新鮮越好，對嗎？這種說法不完全正確。

　　雞蛋並不是越新鮮越好，因為剛剛產下的雞蛋含有微量的有害物質，如：一氧化硫。這樣的雞蛋吃起來會有點異味，並且口感帶澀。

　　雞蛋最佳的食用時間是產下後的一至二天，因為經過一段時間的呼吸代謝之後，有害物質已經被釋放出來，這時的雞蛋吃起來味道純正、口感滑潤，並且營養也是最好的。

　　但是，雞蛋存放的時間過長也不好，因為如果細

菌侵入蛋內繁殖，就會使雞蛋的營養下降，味道和口感也會變差。

吃巧克力會變聰明嗎？

　　你愛吃巧克力嗎？很多人都愛吃巧克力，並且有報導指出，吃巧克力能帶來幸福感。

　　根據英國的研究，巧克力中所含的黃烷醇有助於提高大腦的計算能力。但研究人員也說，實驗過程所用的黃烷醇劑量較多，普通人很難從日常飲食中獲得。不過，的確有充足的證據證明，普通劑量的黃烷醇可以防止大腦功能退化，食用富含黃烷醇的蔬菜和水果，對大腦是有益的。因此，研究人員建議人們可以經常吃巧克力、蘋果和葡萄，或飲用葡萄酒、茶和可可飲料來補充黃烷醇。而其中，黑巧克力所含有的黃烷醇高於普通巧克力。

糖水裡加點鹽會更甜嗎？

為什麼在糖水裡加點鹽喝起來感覺更甜呢？這是因為對比效應的關係。簡單來說，就是一種味覺能增強另一種味覺的現象。當然，鹽的用量只能佔糖量的1%～5%，若加入太多的鹽，就成了鹹味了。不僅如此，在酸味的食物中加點鹽會增強酸味，而在鹹味食物中加點醋，則會感到更鹹。此外，先後品嚐不同味道的東西也會產生類似的感覺。比如，喝了糖水再吃水果，會覺得水果淡而無味；喝了糖水後去嚐酸味，則會感到更酸。因此，吃東西的時候，應該先吃清淡的，後吃味道較濃的，這樣才更利於感受美味。

蓮藕內部為什麼有那麼多洞？

　　蓮藕為什麼有那麼多小洞呢？一般植物若是長時間泡在稀泥裡面，沒有充足的氧氣很容易就爛掉了。而蓮藕長在稀泥裡不會爛掉的原因，就是內部長了這些洞，可以貯存空氣。有了這些空氣，蓮藕就能正常呼吸。

　　為了適應環境，包括蓮藕在內，很多植物和動物都會發展出一套獨特的生存辦法。

泡牛奶加糖好嗎？

　　很多人泡牛奶習慣加糖，根據研究指出，加糖會影響人體對牛奶的吸收。因為糖在人體中會分解形成酸，而這些酸會與牛奶中的鈣中和，破壞牛奶的營養價值。

　　此外牛奶和糖在高溫下會形成一種不能被人體吸收的物質，對健康不利。每天早晚是喝牛奶的最佳時機，早餐來一杯牛奶，能為一天的活動提供充分的營

養保證；睡前喝牛奶，不但有助於睡眠，而且人體也能充分吸收其營養成分。

元宵和湯圓只是名字不同嗎？

　　元宵和湯圓都是糯米粉製品，餡料有很多不同口味，因南北方氣候差異，製作方法也有所不同。

　　元宵一般只用素的固體甜餡料，將餡料切成小塊，蘸上水，在盛滿糯米粉的篩籮內滾，一邊滾一邊灑水，使其自然沾滿糯米粉滾成圓球。湯圓則是用很細的湯圓粉團包餡製成，餡料有素有葷。一般都是用水煮，湯圓煮後湯比較清澈，元宵煮後湯比較濃稠，因此喝元宵湯就像喝糯米粥一樣。由於工藝不同，湯圓煮時皮面潤滑，內餡流動性好；而元宵皮面鬆軟，有油炸、拔絲、蒸、烤等多種食用方法。

速食麵是哪一國人發明的？

　　其實在古時候東方國家就有人將煮熟的麵條油炸後佐以湯汁作為一種料理。

　　相傳清朝有個地方官在家中宴客，廚師誤將煮熟的麵放入沸油鍋中，但已經沒有足夠的食材重做了，只好撈起後佐以高湯上桌。沒想到賓客吃後竟讚不絕口，這道菜就這樣流傳下來了。

　　至於非油炸的速食麵，則可追溯至西漢高祖三年（西元前二〇五年），由韓信軍隊所發明的踅麵。當時韓信在黃河邊的合陽領軍十萬，準備進攻魏王，為解決軍糧問題，便將蕎麥粉與麥粉揉在一起，煮成八分熟的大麵餅，並切成寬條。

　　這種麵餅方便隨身攜帶，而且只要加水一煮便可食用，可視為速食麵最早的形態。

　　近代的速食麵是在一九五八年由安藤百福（原名吳百福）發明的。鑒於當時吃一碗麵要走很長的路，所以安藤百福在大阪府的池田市發明了速食麵。隨著

時代的發展，速食麵已成為日常生活中必不可少的一
部分。

 # 優酪乳可以加熱嗎？

大家都知道牛奶是可以加熱的，那麼優酪乳也可
以加熱嗎？

優酪乳含有乳酸菌，對人體有保健作用，乳酸菌
和其他大多數細菌一樣很怕熱，溫度超過七十度就很
可能被殺死，而失去應有的營養價值。因此，優酪乳
最好不要加熱，這樣既可保持其營養成分，又可嚐到
優酪乳特有的風味。

但如果天氣過於寒冷，為了防止溫度過低帶來的
不適，可以把優酪乳瓶放在溫水盆內加溫幾分鐘。但
須注意的是，水溫不宜超過正常人的體溫，否則就會
降低優酪乳的營養價值。

 ## 水果壞掉**只要把沒有腐爛的部分切掉後,其他部分就能吃了,對嗎?**

很多人只將水果腐爛的部分挖去,繼續食用未腐爛的部分,這可行嗎?其實,水果就像人體一樣,只要發生了黴變腐爛,各種微生物就會在腐爛的水果中不斷繁殖,並產生大量有毒物質。

這些有毒物質又不斷從腐爛的部分向未腐爛部分滲透、擴散,導致未腐爛部分也同樣含有有毒物質。

人吃了爛水果中的真菌毒素,就可能發生頭暈、頭痛、噁心、嘔吐、腹脹,嚴重的還會昏迷,危及生命。

可見水果一旦出現腐爛的狀況,即使還有大部分未腐爛,也應該丟棄不要再食用了。

速食麵的形狀
為什麼是歪歪扭扭的？

　　我們看到的速食麵都是彎曲的，那麼有直線形狀的嗎？答案是否定的。原因是直線形狀所佔用的體積較大，彎彎曲曲則可以在較小的體積內放入更多的速食麵，所以用這種形狀擺設及運輸，既經濟又實惠。另外因為麵體是彎曲的，所以整塊速食麵中間會有很多空隙，在煮麵的時候，麵條與水的接觸面積較大，可以在較短的時間內煮好，也能夠節省時間。另外，大部分速食麵是經過油炸的麵餅，所以質地很脆，如果做成直的比較容易斷，不利於在加工和運輸的過程中保持形狀。

白葡萄酒是白色的嗎？

紅葡萄酒是紅色的，那麼白葡萄酒就是白色的嗎？當然不是。白葡萄酒的顏色一般為淡黃色，也有近似無色或黃色、金黃色。白葡萄酒儲存時間越久其顏色越黃！

白葡萄酒用優質葡萄釀製，經發酵陳釀而成。酒精濃度12%，糖分1.5%以下，酒液呈果綠色，清澈透明，氣味清爽，酒香濃郁，後味深長，含有多種維生素，營養豐富，具有舒筋、活血、養顏、潤肺之功效。

 為何皮蛋不應放在冰箱裡保存？

並非所有東西都可以放在冰箱裡保存，皮蛋就是其中之一。皮蛋是由鹼性物質浸泡而成，蛋的內容物凝成膠狀體，含水分達70％左右，若經冷凍，水分會逐漸結冰，拿出來吃時，冰逐漸融化，其膠狀體就

會變成蜂窩狀，因此改變皮蛋的原有風味。而且低溫
會使皮蛋色澤變黃，口感變硬。

　　貯存皮蛋的最好方法是放在塑膠袋內密封保存，
一般存三個月左右品質風味都不會變。

到底是「宮爆雞丁」
還是「宮保雞丁」？

　　說到了宮保雞丁，當然不能不提到這道菜的發明
者──丁寶楨。據《清史稿》記載，丁寶楨字稚璜，
貴州平遠人，咸豐三年進士，光緒二年任四川總督。
所謂「宮保」，其實是丁寶楨的榮譽官銜。據《中國
歷代職官詞典》上的解釋，明清兩代各級官員都有虛
銜，最高級的虛銜有太師、少師、太傅、少傅、太
保、少保、太子太師、太子少師、太子太傅、太子少
傅、太子太保、太子少保。

　　丁寶楨對烹飪頗有研究，喜歡吃雞肉和花生，並

尤其喜好辣味。他任四川總督時自創了一道將雞丁、紅辣椒、花生下鍋爆炒而成的美味佳餚。這道菜本來只是丁家的「私房菜」，但後來越傳越廣，如今大大小小的中餐館中，「宮保雞丁」這道菜司空見慣。

　　至於有些菜單上寫成「宮爆雞丁」，是因為有人認為烹製方法之中有爆炒的緣故。其實這只是誤解，若是聽過這道菜的典故，就不會這樣認為了。

魚香肉絲裡面有魚嗎？

　　魚香肉絲裡面有魚嗎？吃過這道菜的人肯定知道答案是否定的。那為什麼會叫「魚香肉絲」呢？

　　「魚香」是四川菜餚的主要傳統風味之一，此法源於四川民間獨具特色的烹魚調味方法。所謂「魚香」，其實不是真的鮮魚香，而是在川味糖醋魚的淋醬裡用了一種泡辣椒做佐料，那種泡辣椒和糖醋作用後產生了一種獨特的甜酸味。由於這道菜具有很好的

開胃作用，後來的廚師便把這種的佐料和烹飪方法推
廣到別的菜中，其中最著名的便是「魚香肉絲」。從
川式糖醋魚的魚香轉移到作料的香味，再轉到菜的烹
調上，成就了如今這道沒有魚的「魚香肉絲」。

古人也吃冰淇淋嗎？

　　冰淇淋是中國文明對人類的一大貢獻，就其普及
性和實用性而言，冰淇淋對大多數人的意義遠遠大於
指南針和火藥。

　　畢竟現代人本就不常使用指南針，而自從打火機
取代火柴之後，日常生活接觸火藥的唯一機會可能就
只剩歲末年初燃放鞭炮了。但冰淇淋卻早已成為現代
生活中不可或缺的必備品。

　　古代中國帝王們為了消暑，命侍從將冬天的冰貯
存在地窖裡，到了夏天再拿出來享用。一直到了大約
唐朝末期，人們為了生產火藥開採出大量硝石，並發

現硝石溶於水時會吸收大量的熱，使水結冰，從此人們便發現在夏天製冰的方法了。

於是到了宋代，市場上冷食的花樣增多，商人們在冰中加入水果或果汁。元代的商人甚至在冰中加入果漿和牛奶，這種冰品已經和現代的冰淇淋十分相似。製造冰淇淋的方法直到十三世紀被義大利旅行家馬可波羅帶到義大利，之後又把奶油、牛奶、香料加入冰中，再刻上花紋，使冰淇淋更加色澤鮮豔、美味可口。

此後冰淇淋的種類越來越多，漸漸發展成為大家非常喜歡的食品。

為什麼雞蛋豎著放更容易保鮮？

冰箱門內設計了一排擺放雞蛋用的圓型孔洞。這個小設計不僅可以將把每個雞蛋獨立放進孔裡固定好

不易摔碎，而且也讓雞蛋保持豎立，便於保鮮。雞蛋的保鮮，重點在於較鈍的那頭一定要朝下。

　　因為蛋黃是由兩根細細的組織固定在雞蛋中央的，時間一久這兩根組織會斷掉，蛋黃會因為重力作用而下墜。這時候如果鈍頭朝下，蛋黃就會因為氣室中的空氣阻隔，不會碰到蛋殼；如果是較尖的那一頭朝下，蛋黃就會和蛋殼沾連在一起，導致雞蛋變質，不能食用。

把熱帶水果放在
冷藏室保存比較好嗎？

　　熱帶水果可以保存在冷藏室裡嗎？

　　答案是否定的。熱帶水果和亞熱帶水果對低溫的適應性較差，如果放在冰箱裡冷藏，很容易造成水果「凍傷」，使表皮凹陷，出現黑褐色的斑點。不僅營養流失，還容易變質。

所以，最好不要把熱帶水果放在冷藏室裡保存。

披薩之中的起司
為什麼能夠拉絲？

　　吃披薩的時候，加熱的起司總是拉出長長的絲，使人食欲大增，可是為什麼起司能拉出絲呢？是因為其中含有黏性物質的關係嗎？

　　原來，起司中含有長鏈蛋白質分子，起司拉出的絲其實就是蛋白質。

　　這種分子在起司加熱前就存在，只是尚未加熱時這些長鏈蛋白質分子呈捲曲狀，加熱之後，其中的脂肪和蛋白質融化，長鏈蛋白質便失去了束縛，原來捲曲的狀態就被拉伸開來了，因此融化的起司能夠拉出絲來。

為什麼雞蛋加熱之後會凝固？

雞蛋中富含蛋白質膠體，膠體的性質就是當溫度上升到一定限度後便會發生凝聚現象。而雞蛋中所富含的蛋白質膠體在受熱後當然也會發生凝聚，變成固體。這個過程是不可逆的，所以不可能再將它變回液態。

北京烤鴨起源於北京嗎？

南北朝時期，《食珍錄》中即有「炙鴨」字樣出現。南宋時，烤鴨已為臨安「市食」中的名品。那時烤鴨不但已成為民間美味，也是士大夫家中的珍饈。後來，據《元史》記載，元破臨安後，元將伯顏曾將臨安城裡的百工技藝遷徙至大都（現在的北京），從此，烤鴨技術便傳到了北京，烤鴨也成為元朝的宮廷

禿頭的人
會有頭皮屑嗎？
冷知識追追追
Can Bald People Get Dandruff?

91

御膳奇珍之一。

　　到了明清時期，烤鴨仍是宮廷的美味。明代時，烤鴨成為宮中元宵節必備的佳餚，後正式命名為「北京烤鴨」。隨著社會的發展，北京烤鴨逐步由宮廷傳到民間。

　　北京烤鴨的鴨體肥胖，脂肪豐厚，因此又被稱作「油鴨」。至於最終定名為「北京烤鴨」的時機，則是在北京烤鴨傳至國外以後。

馬鈴薯和蕃薯
為何不能放在一起？

　　馬鈴薯不能與蕃薯存放在一起，如果放在一起，不是蕃薯腐爛，便是馬鈴薯長芽。這是因為這兩種食材對貯藏環境的要求不一樣的關係。蕃薯喜暖怕凍，貯藏的最佳溫度為20℃，過冷就會流黃水或腐爛；而馬鈴薯剛好相反，喜涼怕熱，環境過於溫暖便會迅

速長出幼芽。因此根本不可能找到對兩者都適合的環境，所以不應該把兩種食材放在一起保存。

味精也有度數嗎？

味精的度數是指味精中谷氨酸鈉的含量。味精的主要成分就是谷氨酸鈉，按照谷氨酸鈉含量分類，市場上主要可分為兩種味精：一種是80度味精，其谷氨酸鈉含量為80%；另一種是99度味精，谷氨酸鈉含量為99.9%，又稱純味精或無鹽味精。

吃起來味道酸酸的就一定是酸性食物嗎？

先做個小測驗，你認為橘子是酸性食物還是鹼性

食物呢？真正的答案是：橘子是鹼性食物。

　　橘子的味道雖然是酸的，但在人體內進行分解代謝之後便會增加血液的鹼性。同樣的，有益身體健康的醋吃起來味道也是酸的，但卻也是鹼性食品。

　　食物可分為酸性和鹼性，所謂酸鹼的判斷，並非根據人們的味覺，也不是根據食物溶於水中的化學特性，而是根據食物進入人體之後，最終代謝物的酸鹼性而定。

酸味食物加熱後
酸味會更明顯嗎？

　　我們在享用酸味食物的時候總會發現，如果食物被加熱了，溫度升高了，酸味就會更濃郁。人對酸味的感覺會隨溫度升高而增強，這是為什麼呢？

　　食物的酸度基本上是不會變的。但升溫後，一方面酸電離度隨溫度升高而加大，酸味揮發得更快；另

一方面某些緩衝物，如：蛋白質變性，失去了緩衝作用，也會造成酸味增強。

喝茶也會喝醉嗎？

喝酒會醉，喝茶也會醉嗎？答案是肯定的。

茶鹼是一種中樞神經興奮劑，過濃的茶或過量飲茶都容易使人產生「茶醉」，其表現就是血液循環加速、呼吸急促，並引起一系列不良反應。

此外，還可能造成人體電解質平衡紊亂，以及體內酶的活性不正常，導致代謝紊亂。茶的致醉物質就是其中的咖啡鹼和氟化物。有些人連喝幾杯濃茶後，就會出現頭痛、噁心、站立不穩、手足顫抖、工作效率下降等現象。

茶醉的感覺並不比酒醉輕鬆。茶醉時，感覺頭昏耳鳴，渾身無力，胃中雖覺虛空，卻又像有什麼東西似的，從胃到喉中翻騰，想吐又吐不出來，嚴重者還

會口角流沫。

解茶醉的方法極為簡單，只要喝一碗糖水，或喝一兩匙熟豬油，過一會兒就會解除。

如果正值空腹卻不得不喝茶時，先喝一碗糖水或嚼幾粒糖丸，就可以避免茶醉。

餃子熟了為何會上浮？

根據水浮力理論，餃子下鍋後重量是不變的（或變化很小，可以忽略不計），變化的是餃子的體積。

餃子下鍋時，餃子內的空氣是冷的，餃子也是扁的。一段時間後，餃子受熱，空氣膨脹，餃子就會鼓起來，體積也就增大了。這時，餃子所受的浮力就會增大，當浮力大於餃子自身的重量之後，自然就浮起來了！

番茄**是蔬菜還是水果？**

番茄也稱西紅柿，號稱「蔬菜中的水果」，食用人口普及全世界。

關於番茄有一個小故事。一八九五年，英國商人從西印度群島運了一批番茄到美國。按美國當時的法律，輸入水果可以免繳進口關稅，但進口蔬菜則必須繳納10％的關稅。

紐約海關的官員認定番茄屬於蔬菜，理由是：番茄必須經過廚房烹調，才能成為餐桌上的佳餚。但商人則認為番茄應屬水果，並據理力爭，認為番茄含有豐富的果汁，這一點是一般蔬菜所不具備的。並且番茄又可以生食，這也和一般蔬菜不一樣，所以根據形狀色澤都應當屬於水果的範疇。雙方為此爭執不下，最後只好把番茄當作被告，送進美國高等法院，接受審判。

經過審理，法院最終判決：「就像黃瓜、大豆和豌豆一樣，番茄是一種蔓生的果實。根據人們日常習

慣的説法，總是把番茄和種植在菜園中的馬鈴薯、胡蘿蔔等都視為烹調用的食材。所以無論是生吃還是熟食，總歸和飯後才食用的水果不一樣。」從此，番茄就被定義為蔬菜了。

 ## 人類是從
什麼時候開始抽煙的？

　　早在四千年前，居住於今日墨西哥地區的瑪雅人就已經開始種植並吸食煙草。人們在摘嚐植物時便已嚐到煙草辣舌、卻帶有醉人香氣、且能提神醒腦的功效，便把它當做一種刺激物食用。咀嚼的頻率多了之後，漸漸成為一種嗜好。從此，煙草的種植及吸食開始進入人類生活。但人類由一開始的咀嚼煙葉演變到吸煙，則是與原始社會的祭祀有關，因為那時吸煙被視為一種宗教儀式，由神職人員負責執行。

　　當時的瑪雅人也是世界上最早知道吸雪茄的人，

後來雪茄才從墨西哥傳到其他的中美洲地區。直到一五四一年，歐洲人德默托歐‧派拉的朋友──印第安首領潘都卡，教會他怎樣製造雪茄，這項技術終於從古巴傳到了西班牙。一八〇八至一八一四年伊比利亞半島戰爭期間，參戰士兵把雪茄帶回英格蘭，從此抽雪茄開始在英格蘭普及。

　　到了十九世紀中期，煙草工業的發展方興未艾，直到拿破崙時期，抽雪茄的習慣已傳遍了整個歐洲。

 # 山珍海味包括哪些呢？

　　山珍海味四個字，光用說的就讓人口水直流。那麼，山珍海味到底指哪些宴席菜呢？

　　山珍海味是產自山野和海洋的名貴珍稀食材，是宴席中的精品，主要有：熊掌、駝峰、鹿尾、燕窩、魚翅、海參、鰣魚。

　　古時候著名的山珍海味還有魚肚、魚唇、干貝、

對蝦、野仔雞、鳧脯、哈士蟆（黑龍江林蛙）、猴頭菇、銀耳等。

至於宮廷食譜中的「龍肝鳳髓」並非真正龍或鳳的內臟。「龍肝」不過是白馬的肝臟，鳳髓也只是錦雞的骨髓。

綠色的番茄 能吃嗎？

綠色番茄中含有對人體有溶血作用的龍葵鹼，綠色番茄的口腔苦澀，吃得太過甚至可能中毒，症狀有口乾、舌麻、噁心、嘔吐、腹痛、腹瀉，重者可有發燒、氣短、頭暈、耳鳴、畏光、抽搐等。但綠番茄中的毒性含量很少，久置的綠番茄返紅後，龍葵鹼就會減少甚至消失。

值得注意的是，吃番茄之前若沒有洗乾淨，表面殘存的農藥會使血液中的亞硝酸鹽大大增多，導致不同程度的缺氧症狀，如：口唇及指甲甚至全身皮膚青

紫、呼吸急促、噁心、嘔吐、腹痛、腹瀉，重者還可
能出現昏迷抽搐，甚至死亡。

豆腐可以多吃嗎？

　　豆腐富含蛋白質、碳水化合物、維生素和礦物質
等，營養豐富，具有生津潤燥、清熱解毒的功效。可
是，豆腐雖營養豐富，過量食用也會有損健康，容易
誘發腎衰竭、碘缺乏病、消化不良、痛風、動脈硬化
等疾病。豆腐雖然美味又營養，但並非所有人都適合
吃，即使是健康的人也不宜過量食用豆腐。

雞尾酒跟雞尾巴有什麼關係？

為什麼叫雞尾酒呢？是因為顏色像雞尾巴的顏色嗎？雞尾酒是一種酒精含量少且多為冰鎮過後飲用的酒。它是以萊姆酒、琴酒、龍舌蘭、伏特加、威士忌等烈酒或是葡萄酒作為基酒，再配以果汁、蛋清、牛奶、咖啡、可可、糖等其他輔助材料，加以攪拌或搖晃而成的一種飲料，還可用檸檬片、水果或薄荷葉作為裝飾物。

傳說許多年前，有一艘英國籍的油輪停泊在猶加敦半島的坎爾傑鎮，船員們都到鎮上的酒吧飲酒。酒吧櫃檯內有一個少年用樹枝為船員們調酒。一位船員飲後，感到此酒香醇非同一般，是有生以來從未喝過的美酒。於是，他走到少年身旁問道：「這種酒叫什麼名字？」少年以為他問的是樹枝的名稱，順口便回答：「可拉捷卡傑。」這是一句西班牙語，即「雞尾巴」的意思。因為那根樹枝形狀神似公雞尾羽，因此少年戲謔作答，從此船員便誤以為是「雞尾巴酒」了。就這樣，「雞尾酒」成為混合酒的別名。

吃無糖口香糖
可以減肥嗎？

　　在現代社會中，口香糖已經成為大家最常吃的一種食品，可以有效幫助我們保持口氣清新，年輕人的包包裡總會找到口香糖的身影。而近幾年，無糖口香糖更是備受青睞，甚至有些希望減重的人，也會利用嚼口香糖的方式來滿足吃東西的欲望。可是吃無糖口香糖真的可以幫助減重嗎？對健康有沒有影響呢？

　　仔細查看木糖醇無糖口香糖的營養成分表後，就會發現用口香糖來避免發胖是個非常錯誤的選擇。一顆口香糖所含的熱量雖然不高，但一整包吃完幾乎等於多吃了半碗的白米飯。

　　另外，無糖口香糖中含有甜味劑，這種甜味劑會愚弄大腦和消化系統，讓人體認為吃了含有糖的食物，因而刺激胰島素分泌，繼而阻礙脂肪的分解，甚至促進脂肪合成。然而實際上人體並沒有進食，血糖不但沒有升高反而還有所下降，此時糖分的不足，引

發反射性地增強食欲，結果很可能造成肥胖的發生。

用冷水冷卻熟雞蛋
的方法科學嗎？

　　很多人在料理水煮蛋的時候，總喜歡把煮熟的雞蛋置於冷水中先行冷卻再來剝殼。其實，這種做法很不科學。雞蛋的蛋殼內有一層保護膜，蛋煮熟了以後，保護膜便被破壞了。這時煮熟的蛋若被放入冷水中，蛋就會猛烈收縮，使蛋白與蛋殼之間形成真空空隙，水中的細菌、病毒很容易因為負壓而被吸收到這層空隙中。其實只要在煮蛋時放入少許食鹽，煮熟的蛋殼就可以很容易剝掉。

　　另一個方法是先將雞蛋先放入冷水裡浸濕，再放進熱水裡煮，蛋殼也可以容易剝下來。

泡菜為什麼
不能吃「新鮮」的？

對於大多數食品而言，越新鮮就越有營養。那麼泡菜是否也可以應用同樣的道理呢？專家指出，泡菜最忌「新鮮」。

很多人都喜歡吃醃製時間短的泡菜，但食用這樣的泡菜非常危險。醃製二十四至七十二小時的泡菜，亞硝酸鹽的含量達到最高峰，由於亞硝酸鹽可引起人體缺氧症狀，還會與食品中的仲胺結合形成致癌的亞硝胺，在此時食用必會增加人體患病的幾率。因此，泡菜最好醃透了再吃，一般醃製四周後食用最佳。

冰淇淋裡放了鹽嗎？

冰淇淋明明是甜的，那為什麼有人認為裡面放了

鹽呢？其實，甜點、冰淇淋、味精裡面都有鹽，甚至饅頭、包子、油條裡面的鹽分也不少。專家表示，許多人都知道想避免高血壓，一定要控制食鹽量，但是日常飲食中仍有很多隱性鹽不為大家注意。

　　一般人二十四小時的排鹽量為3～5克，因此在食物中每日只需補充4～6克鹽，就可以滿足人體正常需要。如果過多，就會加重腎臟和心血管的負擔，引起腎病、高血壓、心臟病和中風等。

　　高鹽飲食對胃同樣有影響。有調查證實，比起日常飲食較為清淡的人，重口味者患胃病的幾率高出70%以上。

 # 大熱天應該怎麼喝水？

　　夏天時，連續的大熱天讓人感覺十分不舒服，在高溫高濕條件下人體排汗明顯增加，體內水分大量流失。出汗多的時候人們會不自覺地多喝水，但即使在

大熱天也別狂飲水，喝水太猛容易造成「水中毒」。
原來夏天人們大量出汗的同時，汗液不僅帶走體內水
分，還使身體丟失大量鹽分，如果喝水方式不當，一
次飲用過量的水，可能引起頭暈、眼花等「水中毒」
症狀。

　　正確的飲水方式應該是先潤濕口腔和咽喉，然後
喝少量的水，並且一杯水分幾次喝。尤其在大量出汗
之後，應補充一些淡鹽水或含鹽飲料，也可以在炒菜
中稍微多放一點鹽。

　　同時，平時應養成主動飲水的習慣，在沒感到渴
時就少量喝水，以保持體內適量的水分。

用開水燙碗就可以消毒了嗎？

　　外出到餐館吃飯時，很多人喜歡在飯前用開水燙
碗，認為這樣可以殺菌消毒。

　　也有人不信這一套，認為碗筷必須在開水中煮沸

五分鐘以上才能達到消毒的目的。

　　到底哪種說法對呢？吃飯前用開水燙碗，由於時間太短，只能殺死極少數微生物和部分寄生蟲，沒辦法殺死對人體危害較大的細菌和病毒。大家都知道，用高溫煮沸是最常見的消毒方式，很多病菌都可以透過高溫消毒的方法殺滅。常見的腸道傳播微生物：腸道桿菌、霍亂弧菌、結核分枝桿菌、真菌、急性胃腸炎病毒及肝炎病毒等，這些細菌雖可以利用高熱殺死，但有芽孢的細菌對高熱卻有更強的抵抗力，如：炭疽芽孢桿菌、破傷風芽孢桿菌等，這些細菌只是加熱是無法殺滅的。

最早的巧克力是什麼味道？

　　巧克力是以可可漿和可可脂為主要原料製成的甜食，不但口感細膩，而且具有一股濃郁的香氣。巧克力可以直接食用，也可用來製作蛋糕、冰淇淋等。在

浪漫的情人節期間，更是表達愛情不可或缺的主角。但人類首次食用的巧克力，是一種帶有辣味和苦味的飲料。古代阿茲特克人將可可豆烘烤過後磨成粉，與水和玉米粉混合後加入辣椒打成泡狀。這種飲料被稱為「巧克力特爾」。這種被稱為萬能藥的珍貴飲料，盛裝在只用一次就被扔入湖中的金製高腳杯中，阿茲特克族的統治者和朝中官員每天都要喝五十罐巧克力特爾。

後經西班牙人改良，加入蔗糖使之變甜，並加熱飲用，更符合歐洲人的口味。此後巧克力一直被人們視為一種飲料，直到一八四七年才出現我們現在常見的固體形態。發明者在巧克力飲料中加入可可脂，成功地生產出可咀嚼的固體巧克力塊。

 許多加熱容器底面總是呈現一圈又一圈的溝紋狀，這是為什麼？

加熱容器的底部為什麼經常出現溝紋狀設計呢？正如兩點間曲線比直線長一樣，曲面的面積也比平面大。因此把加熱容器底面做成溝紋狀，是為了讓容器底部受熱面積比起同樣直徑的平面大一些，這樣一方面可增強底部的強韌度，另一方面也增加了火焰與容器底面的接觸面積，可以使受熱更多，傳熱更快，食物加熱更容易。

為什麼在水中放鹽
會使水面下降？

如果我們在一杯水中放入幾杓鹽，就會發現水面不僅不會升高，還會下降。這是什麼道理呢？

首先，水分子之間是以氫鍵相連的，把鹽放入水中之後，鹽的主要成分氯化鈉，在溶解的過程中就會分解為鈉離子和氯離子，並與水形成離子鍵——因為其能級比氫鍵低，所以水分子的結合變得更加緊密，

導致體積縮小，就造成了我們看到水面下降的結果。

 # 人為什麼喜歡甜食？

　　據說口腔裡的甜味感受器是直接連接到大腦中分泌腦內啡的地方，所以糖分吃下去之後就可以快速誘發人體產生快感。同時，糖也可以馬上轉化成熱量，減輕心理壓力、讓心情變好。其實除了補充能量，甜食還和毒品一樣，可使人上癮。根據研究指出，甜味是人類出生後首先接受並追尋的味道，母乳就是甜的，因此愛吃甜食可謂是一種本能反應。經常吃甜食的人可能對甜食出現狂熱，看上去就好像上癮一樣。

　　科學家對此現象的解釋是：吃甜食時，人類腦中的多巴胺神經元會被啟動，這種現象通常在吸毒上癮之後才會出現。多巴胺神經元被啟動後會釋放一種類似鴉片類的化學物質，功用幾乎相當於嗎啡，大腦感覺到這種興奮，就會對它產生渴望。因此，人吃甜食

之後，就會越吃越想吃。而吃了糖以後，糖就會進入血液，導致血糖含量增高，接著胰島素會迅速行動起來，將血糖轉化成能量。

糖吃得越多，體內產生的胰島素就越多，轉化出來的能量也就越充足，如此一來，就會感到一股飄飄欲仙的快感。但伴隨而至的是胰島素消耗了過多的血糖，導致血液中血糖迅速減少，這時身體就需要再吃一點糖類來補充血液中的血糖，因此你就會覺得自己又想吃糖了。

突然想吃某種東西
代表著什麼意義？

你有沒有在某些時候突然覺得對某一種食物出現強烈的欲望，很想馬上吃到它。經過研究，偏好某一口味代表著你正缺乏某種營養，也可能是營養失衡或健康異常的信號。

　　例如：突然想吃巧克力，可能就代表體內缺乏維生素B群，尤其是維生素B6和維生素B12。維生素B群能幫助人體進行新陳代謝，一旦缺乏，便容易感到疲勞、情緒低落，而吃巧克力可以釋放血清素讓人感到快樂。

 # 純生啤酒**是什麼意思？**

　　純生啤酒就好比新鮮水果，熟啤酒就像是水果罐頭。純生啤酒是指不經過高溫殺菌而保存期限同樣能達到熟啤酒標準的啤酒，它與普通啤酒的區別是穩定性好，隨著儲存期的延長，風味變化也不大，所以口感好，營養豐富。

　　普通啤酒與純生啤酒的根本區別在於普通啤酒是經過高溫滅菌處理的熟啤酒，少了啤酒原有的香醇、新鮮味道，口味上也存在不穩定性。純生啤酒則未經高溫殺菌，口感新鮮，口味柔和。

秃頭的人
會有頭皮屑嗎？
冷知識追追追
Can Bald People Get Dandruff?

113

但純生啤酒與一般的生啤酒又有所區別：純生啤酒採用無菌膜過濾技術，濾除了酵母菌和雜菌，保存期限可達一百八十天；生啤酒雖然也未經過高溫殺菌，但它採用的是矽藻土過濾機，只能濾掉酵母菌，雜菌不能被濾掉，因此保存期一般在三～七天。

吃香蕉更容易吸引蚊子嗎？

其實，蚊子要吸的不是血，而是含糖物質，蚊子（準確地說是雌蚊子）之所以會叮人，不過是想提高自己的繁殖力而已，因為人的血液裡含有能使蚊卵成熟的物質。如果你的血液裡含有較高的膽固醇或維生素B群，雌蚊子肯定就會比較喜歡你。香蕉因為含糖量極高，所以吃香蕉時，蚊子總是很喜歡你，牠觸鬚上的「化學感應器」就是找到你的好工具。

蔬菜是不是越新鮮，營養就越好？

很多人都喜歡購買鮮嫩油綠的新鮮蔬菜，回家後趁著新鮮立即烹調食用。根據科學研究指出，蔬菜新鮮並不一定更有營養，大多數蔬菜存放一周後營養成分的含量，與剛摘下來時相差無幾。營養學家說，經過冷藏保存的捲心菜，甚至比新鮮捲心菜含有更豐富的維生素C。

再之，剛剛採摘的蔬菜往往還帶有多種對人體有害的物質，現今的栽種方式大量使用化肥和其他有機肥，特別是為防治病蟲害，還經常噴灑各種農藥，甚至在採摘前一兩天還會噴灑農藥。這些肥料和農藥對人體是有害的，食用前最好存放一段時間，使殘留的有害物質逐漸分解後再吃。尤其是容易腐爛的蔬菜，也應多清洗幾次再食用。

廣東話中的提子和葡萄
有什麼差別？

　　葡萄與提子其實都是葡萄，只是在港、滬地區常將質軟、汁多、易剝皮的葡萄果實稱為葡萄；而皮厚、汁少、皮肉難分離、耐貯運的歐亞種葡萄稱為提子。並根據色澤不同，稱鮮紅色為紅提，紫黑色為黑提，黃綠色為青提，一般國外進口的葡萄大多都是提子類。

　　區別葡萄和提子有一個最簡單的方法，無須品嚐即可掌握：葡萄只要用手一捏，皮和肉就很容易分離；而紅提的皮比較薄，皮和肉很難分開。另外，從外形上看，提子與葡萄呈現的紅色也不一樣，紅提呈深紅色，果形一致，大小均勻，一般都是整串的，很難散落，拿在手裡較硬。而且紅提的口感脆甜，可存放的時間較長，在一般條件下能保存十五天左右。

玉米煮的時間越長越好嗎？

　　實驗證明，玉米有抗衰老的作用。那麼煮玉米的時間是不是越長越好呢？答案是肯定的。

　　將甜玉米分別加熱十分鐘、二十五分鐘和五十分鐘後發現其抗自由基的活性依序升高了22%、44%和53%。也就是說，加熱時間越長的玉米，抗衰老的作用越好。所以，煮玉米時，最好能多煮一段時間。

人一輩子要吃多少食物？

　　有一句話說：「你就是你吃的結果（You are what you eat）」。每個人都明確地計算過自己的收入，但不見得每個人都知道自己一生的食物量。為此有專家做過計算，如果按照七十年壽命計算，人一生吃進去的食物大約為六十噸。

　　另外，每個人的吃法都不一樣，有些人吃得多一些，有些人吃得少一些；有些人吃得雜一些，有些人吃得單純一些；有些人喜歡吃天然食物，有些人喜歡吃加工程度高的食物……

　　既然我們要跟食物打一輩子交道，就要調整好自己的飲食結構，為健康加把勁。但是，在控制飲食的過程中，肯定會產生矛盾。對此營養專家認為，在不喪失口味和生活情趣的情況下，應追求更加安全且健康的飲食目標。

第三章
動物X檔案

「緣木求魚」
真能抓到魚嗎？

大家都知道貓會爬樹，如果有人告訴你魚也會爬樹，是不是太奇怪了？大千世界無奇不有，在太平洋熱帶及亞熱帶海岸就生活著一種會爬樹的魚——彈塗魚。彈塗魚身長不過十幾公分，但是胸鰭特別發達，裡面長滿肌肉，彷彿兩條粗壯的手臂，加上本身的彈跳力和尾鰭的推動力，彈塗魚就可以順利地在水中跳躍，甚至爬樹。

除了爬樹，彈塗魚在陸上還可以用濕潤的皮膚行氣體交換，以方便地到陸地上「旅行」。瞭解這些，下次再見到魚爬樹你就不會感到奇怪了。

為什麼會説鯉魚「跳龍門」？

　　「鯉魚跳龍門」是延伸自鯉魚喜歡跳水的習性，那麼鯉魚真的能夠「跳龍門」嗎？其實，「鯉魚跳龍門」只不過是魚類的本能反應而已。

　　根據科學家的分析，部分魚類喜歡高高躍起主要有兩種原因：一是由於周圍環境發生變化而引起的；二是生理上的變化。許多魚類快要進行繁殖的時候，體內就會產生一種能刺激神經的物質，使他們處於興奮狀態，這時的魚就特別喜歡跳躍。鯉魚的跳躍行為就是一種本能反應。

為什麼海裡的魚不是鹹的？

　　海水嚐起來又苦又鹹，那生活在海裡的魚為什麼不會被海水鹹死呢？這是因為海中的魚類都有一套神奇的本領。例如：某些深海硬骨魚的鰓內就生長著泌鹽細胞，這種泌鹽細胞就像一種篩檢程式，能將海水過濾成淡水，使自己的體內始終保持著低鹽分。但沒

有泌鹽細胞的魚類怎麼辦？原來這類海魚的血液中含有高濃度的尿素，可以幫助腎臟加速將海水中的鹽分排出體外。

正是由於這種自體過濾的功能，我們吃到的海魚才不會像海水那樣又鹹又苦。

綿羊身上的毛會不會縮水？

只要是百分百的純羊毛衣物，水洗過之後都會縮水，而綿羊身上的毛肯定是百分百羊毛，那麼把綿羊丟到水裡泡一泡會不會也縮水呢？

其實，用水洗滌純羊毛製成的毛衣，和把綿羊泡在水裡根本不是同一回事。洗毛衣的時候，毛衣會吸收一定的水分，這時纖維就會失去彈性，而經過雙手搓或洗衣機旋轉沖洗，纖維還會被拉扯，變得長短不一。等到毛衣晾乾之後，纖維會變短，也就是所謂的縮水現象。

　　而長在綿羊身上的毛，因為羊皮會分泌出皮脂，使得毛上就像抹了油，加上羊毛濃密，水根本不可能完全滲透。所以就算是綿羊身上的毛濕透了，也不會縮水變短。

鯨魚為什麼會噴水？

　　鯨魚噴出的水柱經常在海水表面形成噴泉。鯨魚為什麼會噴水呢？鯨魚雖然生活在水中，但卻屬於哺乳動物，需要透過肺來呼吸。

　　鯨魚的鼻子和其他的哺乳動物不同，牠沒有鼻樑，鼻孔開口就在頭頂兩眼之間。

　　另外鯨魚的肺很大，重達一千多公斤，所以肺容量也很大，可容納一萬多公升的空氣。

　　這麼大的肺容量，使得鯨魚得以不必經常浮在海面呼吸空氣。但潛水的時間也不能太長，一般經過十幾分鐘後，還是需要浮到水面來換換空氣。換氣時，

鯨魚會先把肺中含有大量二氧化碳的空氣排出體外。由於強大的壓力，噴氣時總會發出很大的聲音。而鼻孔裡強有力的氣流衝出，把海水帶到空中，就出現了海中噴泉。

 # 娃娃魚**是魚嗎？**

娃娃魚又名大鯢，是現存最大的兩棲動物，常棲居於海拔兩百至一千公尺高的山澗清澈溪流中。

娃娃魚喜歡待在水質清澈的溪河彎處，具四足，以足行；有肺，無鰭無鱗，四肢粗短，靠肺呼吸。白天隱匿在洞中，天黑才外出活動、覓食。

因為在夜間覓食時會發出嬰兒般的叫聲，且四肢上都有五指，形如小孩的手掌，故名娃娃魚。娃娃魚體長介於在30～40公分，體重1～1.5公斤。

小魚也能吃大魚嗎？

　　大家都說「大魚吃小魚，小魚吃蝦米。」但事實是這樣的嗎？實際上，有些小魚甚至能吃掉比自己大幾倍甚至幾十倍的大魚。例如：海洋中的七鰓鰻就能將大魚的皮膚咬破，並吸附在大魚身上，然後吸食其體內的血。並且牠會從口腔分泌出防止血液凝固的物質，使得大魚因流血過多而死亡。另外，俗名雷魚的電鱝，分布在熱帶和亞熱帶近海，能在一秒鐘內接連釋放出百餘次70～80伏特的電壓，可以將比牠大得多的獵物擊傷後再吞食。所以，小魚也是不可小覷的。

烏龜為什麼能這麼長壽？

　　俗話說「千年王八萬年龜」，烏龜為什麼能活這麼長時間呢？因為烏龜有著厚厚的甲殼，可以保護內

臟，減少水分流失。並且烏龜的行動緩慢，一小時只能爬一百多公尺，所以新陳代謝也特別緩慢。在冰雪覆蓋大地時，烏龜可以與蛇、蛙一樣不吃也不動，度過長達四個多月的冬眠。除了冬眠，烏龜還會夏眠。在炎熱乾燥的夏天，牠就躲在大石洞裡，藉著減慢心跳和呼吸來躲過炎熱的環境。烏龜是個瞌睡蟲，爬行幾步就會打盹，一天要睡十五、六個小時，所以能量消耗極少。而且烏龜的甲殼十分堅硬，遇到外敵時就將頭尾和四肢縮到殼裡保護自己。科學家的研究更發現，烏龜的長壽還因為其細胞的分裂代數比其他動物細胞的分裂代數多得多，人一般只有50代左右，而烏龜可達110代。這些都是烏龜能夠長壽的原因。

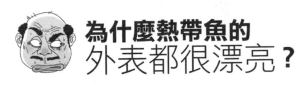

為什麼熱帶魚的外表都很漂亮？

很多人喜歡養熱帶魚作為觀賞之用，為什麼熱帶

魚的外表都那麼漂亮呢？原來，熱帶海洋中有許多五顏六色的珊瑚礁，為了逃避敵人的侵害，熱帶魚就把自己「打扮」得花花綠綠的。這樣，一旦發現敵人，牠們就可以隱蔽在珊瑚叢中，和周圍的環境融為一體，模糊敵人的視線。

北極熊為什麼不怕冷？

　　北極在地球上屬於非常寒冷的地區，科學家在這裡曾經測得的最低溫度為-88.3℃。既然是這麼冷的地方，為什麼生活在那裡的北極熊不怕冷呢？

　　原來在北極熊的皮下有著厚厚的脂肪層，而且體表的白毛為中空結構，可以吸收太陽能來取暖，白毛下的皮膚為黑色，更可以將太陽能的功效最大化。北極熊的體毛很長並且覆蓋著一層油脂，因此不容易被冰冷的海水浸濕，而腳掌上也長了厚厚的毛，既防滑又保暖，還可以隔絕冰冷的地表。此外，北極熊非常

挑食，總喜歡吃獵物的脂肪。每當北極進入永夜，也就是北極最冷的季節時，北極熊就會開始冬眠，直到天氣回暖才又開始活動。

 ## 北極熊在冰上走路
會不會滑倒？

在冬天會下雪的地區，人們走在冰上極易滑倒。那麼北極熊生活在到處冰天雪地的北極，難道不怕滑倒嗎？原來北極熊的腳掌鬆軟，有助於抓牢冰面，而腳趾之間還長有粗毛，加上腳掌上的毛墊，就可以增大摩擦力。所以北極熊走在冰上不會那麼容易滑倒。

 # 美人魚真的那麼美嗎？

　　安徒生童話故事中那位美麗的人魚公主，在現實生活裡真的存在嗎？其實美人魚真的存在，只不過「美人魚」並不是魚，而是一種生活在海洋中的哺乳動物——海牛。海牛的外形非常奇特：小小的眼睛向下垂著，厚厚的嘴唇向上翹起，鼻孔幾乎長到頭頂上。這麼醜陋的生物為什麼被稱為「美人魚」呢？原來在海牛的腹部長有兩隻類似人類雙手的前肢，雌海牛還長有一對與人類很相似的乳房。

　　因為雌海牛總是用前肢抱著小海牛餵奶，斜斜地飄浮在大海中，遠遠望去就像一位抱著孩子的母親。久而久之，人們就將海牛美化為「美人魚」了。

　　其實，現實中的美人魚既不是魚，也不美麗。

 # 動物也會做夢嗎？

　　人類會做夢，那麼動物也會做夢嗎？經過科學家精密的研究發現，大部分的爬行動物並不會做夢，因

為牠們必須隨時保持警戒，以便逃脫敵人的追捕。

　　而鳥類都會做夢，但牠們的夢非常短暫，原因同樣是天敵太多的關係。至於各種哺乳動物，如：貓、馬等家畜，以及大象、老鼠、刺蝟等，都會做夢。魚類、兩棲動物和無脊椎動物，如：珊瑚蟲、烏賊等則不會做夢。另外，相對於大多數草食動物來說，處於強勢地位的肉食動物更容易做夢。

魚為什麼會有腥味？

　　幾乎所有的魚類都有很重的腥味。這是為什麼呢？在魚類的身體兩側各有一條白色的腺體，稱為「腥腺」。腥腺會不斷地分泌黏液，這種黏液裡就含有腥味的來源──三甲胺。在常溫下，三甲胺很容易從黏液中揮發出來，散佈到空氣中，這就是魚聞起來有腥味的原因。不過，這種黏液對魚來說非常重要，不僅可以使魚的表面保持光滑，幫助魚游得更快之

外，還可以凝結水中的浮泥及髒東西，使水質更清澈，幫助魚類擁有良好的生活環境，不受細菌的侵害。

蜘蛛為什麼不會
被自己的網黏住？

　　很多小昆蟲會被蜘蛛的網黏住，變成蜘蛛的美味佳餚。可是為什麼自己卻不會被網黏住呢？

　　因為蜘蛛吐出來的絲並不完全具有黏性，牠在織網的時候就已經牢牢記住哪些絲是黏的，哪些是不黏的，所以牠們總是只在不黏的絲上行走。即使蜘蛛不小心碰到會黏的絲也沒關係，因為蜘蛛腳上能夠分泌一種潤滑劑，使牠們擺脫絲的黏性。可見，蜘蛛也是非常聰明的動物喔。

跳蚤為什麼能跳那麼高？

跳蚤可是動物界的跳高健將喔。跳蚤的身長只有0.5～3公釐，可是彈跳的高度可以達到350公釐，也就是說，牠們可以跳出超過自己身長一百多倍的高度。跳蚤之所以具有如此驚人的跳躍本領，全依賴牠們強健的後足。跳蚤後足的長度比整個身子還長，並且肌肉非常發達，含有一種專司跳躍的蛋白質。這種蛋白質可以促使跳蚤後腿上的肌肉強有力地收縮，在跳躍前，後足緊繃，蛋白質收緊，釋放出巨大的爆發力，將身體彈射出去。此外，跳蚤的前足和中足也可以後蹲，用來協調整個身體的靈活性，更加增強了牠的跳躍能力。因此，跳蚤可說是動物界的跳高健將。

母螳螂為什麼要吃掉公螳螂？

螳螂性格兇猛，是昆蟲王國裡的「小霸王」。其中最令人不可思議的是，當螳螂交配完畢後，雌螳螂就會吃掉自己的丈夫。雌螳螂怎麼會如此絕情呢？原來，雌螳螂孕育下一代需要的蛋白質，僅僅依靠捕獵自然環境的小蟲遠遠不夠，這時雄螳螂就是現成的高蛋白食物。為了產出飽滿健康的卵，孕育出健壯的下一代，雌螳螂只好吃掉自己的丈夫以滿足身體所需要的養分。而且，產完卵以後的雌螳螂也會因為筋疲力盡而死去。其實雌雄螳螂都是偉大的父母，牠們為了下一代都先後獻出寶貴的生命。

為什麼蟑螂好像聽得懂人話一般難以消滅？

蟑螂是一種人見人厭的昆蟲。牠們總是在夜間成群結隊地出來活動，啃咬衣物、偷吃食物。

蟑螂身上分泌著散發惡臭的物質，還會成為某些

病原體的傳播者。可恨的是，這些小蟲子非常難捉，只要燈光一亮，牠們便馬上逃得無影無蹤，這是為什麼呢？原來，蟑螂的觸角十分靈敏，尤其對光的敏感度非常高，即使一點光線也能感覺到。

另外，在蟑螂腿關節上的小刺和尾部末端的尾鬚也是非常靈敏的感應器，最輕微的動靜，牠們都能立刻覺察，並迅速逃離。此外，蟑螂的繁殖能力非常旺盛。所以一定要保持室內乾淨乾燥，才能杜絕蟑螂的侵害。

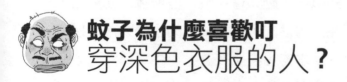

蚊子為什麼喜歡叮穿深色衣服的人？

不知道大家有沒有發現，蚊子很喜歡叮穿深色衣服的人，這是為什麼呢？原來蚊子喜歡弱光，不喜歡全暗也不喜歡強光。所以當我們穿深色衣服時，反射的光線較弱，正好符合蚊子活動時對光線的要求。而

白色或淺色衣服反射出來的光線較強，蚊子會因為不喜歡而趨避。因此，穿深色衣服的人更容易受到蚊子的叮咬。但是，蚊子的種類各有不同，對光的強弱也有不同程度的好惡。例如：斑蚊多半在午後三四點開始活動，而家蚊和瘧蚊多半在黃昏或黎明時分活動。不過，不管哪種蚊子，都會儘量躲避強光。

海參為什麼要夏眠？

大家都知道很多動物會冬眠，但海參卻要夏眠，這是為什麼呢？海參的主食是海底的小生物。所以每當夏季到來，海水的溫度比較高，小生物都浮到了海面。這時留在海底的海參會因為缺少食物來源，只能藉由睡覺來降低能量的消耗，久而久之就形成夏眠的習性。

大象的鼻子為何那樣長？

　　大象的鼻子之所以那麼長，是為了要適應環境，慢慢演化而來的，可說是長期進化的證據。一開始象的祖先，不管是鼻子和個頭都沒有現在這麼大。後來為了適應生存環境，大象的身體漸漸越來越高大，四肢也越來越長。並且為了從地面取食，在長期的生存鬥爭中，上唇慢慢變長，鼻子也自然逐漸伸長。有了長鼻子後，不管取食還是撿拾地上的東西就更方便了。

魚兒會「說話」嗎？

　　童話故事中的魚總是會說話。但在現實中，魚兒也會說話嗎？答案是肯定的。

　　紐西蘭研究人員發現：許多魚類確實可以通過各

種形式的發音「相互交談」。牠們會發出咕噥、低吼、啁啾和爆破等聲音來進行交流。魴魚不但會發出獨特的咕噥聲,而且整天都發出啁啾聲,是最「多話」的魚之一;鱈魚則是最沉默的魚,只有在產卵時才會發出聲音;大眼鯛則會發出爆破音。所有的魚類都可以「聽到」聲音,但不是所有魚類都能「發出」聲音。魚類發聲的主要目的可能是為了吸引異性、嚇跑捕食者,或在礁石間利用聲呐導航等目的。

黃蜂會釀花蜜嗎?

　　蜜蜂會釀花蜜,那黃蜂會釀花蜜嗎?答案是否定的。每年蜜蜂釀花蜜的時候,黃蜂便會成群結隊地向蜜蜂發起攻擊,奪取蜜蜂辛苦的成果——蜂蜜。所以黃蜂不但不會釀花蜜,還是一群瘋狂的「掠奪者」。

　　黃蜂是一種非常兇猛的蜂類,雌黃蜂的身體上長有一根長螫針,與體內的毒腺相通,只要遭受攻擊或

不友善的干擾，就會群起攻之。黃蜂的毒液非常厲害，可以使被螫者出現過敏和中毒反應，嚴重者甚至導致死亡。所以，如果遇到黃蜂，人類還是避開比較好。

夜行動物的眼睛
為什麼會發光？

夜行動物的眼睛為什麼會發光？比如：在黑夜裡貓眼發出綠光，牛眼發出藍光，狼眼則發出可怕的黃綠光。其實，動物眼睛裡並沒有光源，人們看到這些來自動物眼睛的顏色，都是反射光。動物的色素反光層排列成螺旋結構，所以會反射出與其螺距匹配的某種波長的單色光。這樣的反射光由於黑夜光線微弱，才容易看得見。其實人眼也會發光，在夜晚拍攝人像時，由於光線昏暗，所以人眼瞳孔便會放大，更容易反射鎂光燈的光源，這就是照片會出現紅眼現象的原

因。相機的去紅眼功能，就是在拍攝前預先閃幾次光，使被攝者的瞳孔縮小，反射紅光的程度減少，照片就不會出現紅眼了。

為什麼被某些毛毛蟲螫過，皮膚會又痛又癢？

被毛毛蟲螫過的地方總是又痛又癢，這是為什麼呢？因為某些毛毛蟲身上長滿了毒毛，若在顯微鏡下看，這些毒毛都是空心的，就像注射用的針頭一樣。毒毛的根部和毛毛蟲體內的毒腺相連，裡面存滿了從毒腺分泌出來的毒液。所以當人的皮膚和毛毛蟲的毒毛接觸之後，毒毛便會刺入皮膚。而由於這些毒毛非常脆弱，一旦刺入皮膚就會被折斷，其中的毒液便從折斷的部分流入皮膚和肌肉，使人覺得又痛又癢。

被毛毛蟲螫過之後的護理方法，必須先用膏藥之類有黏性的東西把毛毛蟲的毒毛黏掉，因為毛毛蟲的

毒液多是酸性的，只要用鹼性清潔液擦拭傷口，就可以減輕不適的感覺。

烏賊噴出來的墨汁
可以寫字嗎？

烏賊噴出來的墨汁能拿來寫字嗎？答案是「不能」。為什麼呢？烏賊噴出來的黑霧雖然也叫「墨汁」，但和我們用來寫字的墨汁完全不同。

烏賊墨汁中的黑色素其實是一種蛋白質，時間久了就會被分解。因此，如果用烏賊體內的墨汁來寫字，字跡很快就會消失不見囉。

為什麼在海裡看不到青蛙？

青蛙那麼喜歡水，可是為什麼在海洋中看不到青蛙呢？首先，先來解釋青蛙皮膚的功能。

青蛙雖然屬於兩棲類動物，實際上牠們的肺並不發達，必須借助皮膚來呼吸。所以為了方便外界空氣中的氧和皮膚微血管中的二氧化碳進行交換，同時確保體內水份充足，青蛙的皮膚發展出分泌黏液的功能，藉此保持濕潤狀態，並補充肺呼吸量的不足。

而海水因為鹹度很高，容易使青蛙體內的水分透過皮膚滲出體外。如果水分滲出太多，又得不到及時補充，青蛙就有可能因脫水而死。因此，海中不可能看到青蛙的蹤跡。

凡是鳥類都有翅膀嗎？

是的，凡是鳥類都有翅膀。

翅膀是鳥類的基本特徵之一，只不過不同種類的鳥兒其翅膀的功能不同而已。有的鳥兒翅膀非常發

達，可以支援長時間的高空飛行，比如：老鷹和一種常年生活在青藏高原附近的大雁就是如此。而有的鳥類翅膀明顯退化，因為牠們的身體機能和習性對飛翔的要求不高，甚至根本無法滿足飛翔的條件，比如：鴕鳥和鴯鶓（現存世上除了鴕鳥以外最大的鳥類，只生長在澳洲）。

海龜為什麼不會翻身？

海龜不會翻身是因為牠們太笨重了嗎？其實不是喔，這是因為牠們的脖子太短的關係。海龜和陸龜不同，海龜雖然四肢發達，但是脖子卻很短，無法像陸龜那樣憑藉脖子的扭動來翻身。另外，海龜的四肢和頭部也不能像陸龜那樣縮進殼裡，這也是牠們行動笨拙的原因之一。

為什麼小鳥在樹上睡覺
不會掉下來？

我們經常看到小鳥站在樹枝上睡覺，卻從沒見過牠們掉下來，這是為什麼呢？其實這與牠們的身體構造有關。鳥腿上的肌肉全部集中在腿的上部，下部只有骨骼和一條筋，這根筋一直連到鳥兒的腳趾上。所以當鳥兒落在樹枝上時，關節一彎曲，腿上的筋就會牽動腳趾，使得腳趾跟著彎曲，牢牢地抓住樹枝。當小鳥立在樹枝上睡覺時，由於身體的重壓，腿也會一直呈現彎曲狀態，使得腳趾始終緊緊抓住樹枝不會掉下來。

此外，鳥兒的大腦非常發達，能隨時調節肌肉和骨骼的運動，使肌肉一直維持在緊張狀態，因此就連睡覺時也能保持身體平衡，幫助小鳥站在樹上睡覺而不會掉下來。

長頸鹿怎樣喝水？

　　長頸鹿的脖子那麼長，那牠該怎麼喝水呢？長頸鹿飲水時，必須將前方兩條腿大幅叉開，臉部才能觸及地面上的水。

　　那麼在這種情況下，長頸鹿的頭部血壓會不會因為急劇升高而導致腦出血呢？

　　事實上，隨著長頸鹿兩足叉開和低頭的動作進行之間，頸動脈瓣膜就會自動關閉，使得流向腦部的血液大量減少，所以腦部血壓並不會因此而突然升高。

　　長頸鹿是耐渴的動物，一般情況下，食物中所含水分即足夠牠們滿足身體的需要。所以如果在旱季時找不到水源，牠們也可以數個月不直接飲水。每當旱季來臨，長頸鹿往往聚集於河流附近；而雨季來臨時，牠們便會分散到疏林地區，因此長頸鹿有季節性的遷移習性。長頸鹿多半是小群活動，有時也與斑馬或羚羊等合群覓食。牠們活動的區域會因食物來源豐盛程度不同而有差異。

冬天昆蟲都躲到哪裡去了？

冬天來臨的時候，昆蟲都去哪裡了呢？

蝴蝶等蛾類大部分在冬天會以繭的形式待在地下過冬，土壤便是牠們冬眠的溫床，只要不受到冬耕翻地的破壞或禽畜的刨食，就可安然等到春暖花開的季節。

螟蛾類幼蟲，如：玉米螟、高粱條螟、粟灰螟以及多種危害水稻的鑽心蟲，都是以幼蟲的形式過冬，牠們會鑽到稻稈深處或根莖之中，儘量延長「隧道」的深度，並用啃下來的碎屑將「隧道」周圍填滿，又在「隧道」進口處吐絲結一層薄網，既安全又保暖。

蝗蟲、蟋蟀、蚜蟲等則是以卵的形式過冬。蚊、蠅大部分是以成蟲的形式過冬。每年氣溫逐漸下降、冬季臨近時，牠們就會鑽到石洞、地窖、畜舍等陰暗擋風的角落裡躲藏起來。

不管以哪種方式過冬，昆蟲們都會提前做好準備，儲存食物，並把體內的水分排出以防止結冰，最

重要的是找個隱蔽溫暖的地方。

樹懶真的很懶嗎？

樹懶真的是以「懶」聞名，幾乎一輩子所有的時間都把自己掛在樹梢上，一動也不動，不管睡覺、攝食、產子都不肯下來，有的樹懶甚至連死後都還掛在樹上，真的是懶到家了。

樹懶很少自動爬下地面，牠們不善於行走，只能用爪子費力地爬行，通常只在排泄時才會到地面上，而這樣的機會也很少，一個月大約只有一兩次。

樹懶的體毛本身是褐色的，但是由於不愛活動，藻類和地衣隨風吹起，總會在牠潮濕而有營養的皮毛上生長起來，使得樹懶全身都變成了綠色。

不過這樣一來，牠們藏身於熱帶雨林的綠色枝葉中也就不易被天敵發現了。

為什麼驢子
喜歡在地上打滾？

　　驢和馬、牛、羊一樣都是人類的好幫手。雖然驢子沒有馬和牛的力氣大，但是由於馬對飼料和水的要求比較高，而牛的食量比較大，相比之下，驢子更適合豢養。

　　驢子經常在地上打滾，是因為驢身上有寄生蟲，使得牠們身體奇癢難忍。

　　驢子習慣在地上打滾，有兩個作用：一來可去掉皮毛裡的寄生蟲，緩解劇癢；二來一天勞累之後，在地上打打滾也可舒筋、活血，是恢復體力的好方法。所以，驢子非常喜歡在地上打滾。

昆蟲走路為什麼總是彎彎曲曲？

　　我們看到昆蟲走路總是左歪一下，右歪一下，呈現「Z」字形向前爬行。這是為什麼呢？因為，昆蟲的兩側各長了三條腿，前足最短，中足其次，後足最長。

　　所以牠們在行走時，既不能六足同行，同側的三足也不能同時邁進。牠們只好把右前足、左中足和右後足分為一組，剩下的左前足、右中足和左後足分為一組。

　　而由於前後足的長短不一，昆蟲在爬行時其中一組的前足先伸出，後足使勁向前推，身體就被推向直線的一側，等到另一組的前足再抬起時，身體又被推向另一側，所以昆蟲只會走彎路。

為什麼啄木鳥不會得腦震盪？

啄木鳥一直在「篤篤」地啄樹，牠的腦袋怎麼不會得腦震盪呢？原來，啄木鳥的腦組織周圍包裹著一層細密、柔軟，呈海綿狀的骨骼，裡面充滿了液體，骨骼外面還長滿強有力的肌肉，這種結構有著緩衝和減震的作用。而且當啄木鳥啄樹時，嘴的尖端和頭部始終都保持在同一條水平線上。所以，當牠們的頭部撞擊樹木時，就能避免腦組織發生直接的猛烈碰撞，也就不會得腦震盪了。

為什麼魚死後會肚皮朝天？

魚死後總是會漂在水面上，而且肚皮朝天，這是為什麼呢？在大多數魚的身體內，有一種調節身體比重的器官，那就是鰾。藉由魚鰾調節儲存氣體的多

寡，能使魚在不同的水層裡停留。我們知道不會游泳
的動物萬一落水就會沉在水底，可是魚就算一動也不
動，仍可以穩穩當當地停留在某一水層，這就是魚鰾
的作用。魚鰾內的氣體量是可以調節的。若要減少氣
體量，可以通過鰾管、食管從口腔放出氣體，或經由
流經鰾的血液吸收帶走；若要增加氣體量，流經鰾的
血液就放出氧，補充到鰾內。同時，魚也可以利用鰾
在不同的深度放氣或者吸氣來調節身體，使得自己和
周圍的水比重相等，以便輕鬆地停留在水中。可是魚
死以後，鰾就失去了原有的功能，身體當然就會漂浮
在水面上了。

青蛙會飛嗎？

　　青蛙會飛嗎？在馬來西亞和印尼有一種飛蛙，牠
們習慣生活在高高的樹梢上，每到交配和產卵的季
節，牠們就必須下降到地面附近。因此這種青蛙就演

化出帶著蹼的長腳趾，而且四肢之間都長有扁平的皮膚，利用這種特殊的構造，就可以從樹梢上降落下來。

飛蛙習慣在夜間捕捉蚱蜢為食。牠們可以跳躍到2公尺遠的樹枝上，彈射到空中，張開網狀的腳趾滑翔。還能收縮腹部，增添浮力。根據研究，飛蛙可以一次滑翔十五公尺遠。

類人猿有可能進化成人類嗎？

古猿是類人猿和人類共同的祖先，所以類人猿在血緣和外形上都與人類都很接近。牠們通常都是十分靈活的爬樹高手，有著長長的四肢和靈活的手指、腳趾；大腦袋上長著寬寬的眼睛。那麼，現今存在的類人猿有可能進化成人嗎？

據科學家研究發現，古猿在幾百萬年前，由於物競天擇和基因突變的關係，分別進化為現在的人類和

類人猿兩種物種。人類的進化是漫長的，從直立行走，到手腳分工，再到語言和文字的出現，然後到大腦的發展，最後才逐漸演化成現代人。

現今類人猿還生活在大森林裡，沒有社會生活就無法進行交流，更無法產生語言和文字，這種生存方式決定了牠們不可能進化成人類。

烹調用的蝦皮
真的是蝦的皮嗎？

蝦皮並不是蝦米的皮喔！

事實上，蝦皮是一種小蝦，牠的真名叫做毛蝦，生長在沿海地區。

這種蝦長得扁扁的，長約三～四公分，有一對紅色的觸角，比身體長三倍，肉少而皮薄，所以把牠們叫做蝦皮。

春季捕撈的毛蝦可以製成蝦米（或稱為蝦皮），

但是剝落下來的殘渣不可以食用，只可以用作肥料。

魚有耳朵嗎？

事實上，魚是有耳朵的，只是在表面上看不見而已。魚的耳朵只有在打開魚的頭骨時才能看到，就在兩眼後面的頭骨裡。

魚的聽覺非常靈敏，牠們的耳朵與鰾相連，水中的聲音使鰾壁跟著一起振動，就像聲音穿過空氣使鼓膜振動一樣，這種振動通常沿著與鰾相連的一串小骨頭傳到耳朵裡。

但有些魚並不是靠著小骨頭傳送振動，而是靠著從鰾延伸出的管狀器官來聽到聲音。

研究發現，人耳的聽覺範圍是每秒16～20000次振動的音波，而多數魚耳所能感受到的是每秒340～690次的音波。所以投放餌料時，搖鈴聲一響，就會有不少魚雲集而來，等待餵食，這就說明魚的耳朵非

常靈敏。此外，魚耳還有維持身體平衡的功能。

小熊貓就是大熊貓小時候嗎？

　　小熊貓的名字裡也有「熊貓」兩個字，所以小熊貓就是幼年的大熊貓嗎？答案是否定的。大熊貓屬於熊貓科，是中國四川特有的珍貴動物，而小熊貓則屬於浣熊科，廣泛分佈於世界各地，又被稱為貓熊、紅貓熊、火狐。大熊貓體形肥碩，頭圓尾短，全身毛色黑白相間，體長在1～2公尺之間，體重可以達到100多公斤。而小熊貓體長只有40～60公分，體重6～7公斤，全身褐紅色，尾巴又粗又長，甚至超出體長的一半。雖然名字相似，但小熊貓和大熊貓是完全不同的兩種動物，甚至連親戚都算不上。

為什麼貓的眼睛會一日三變？

　　據觀察，貓瞳孔中的括約肌收縮能力非常強，對光線的反應十分靈敏，因此，在不同的光線下，牠們總是可以快速調適瞳孔的大小。比如：在白天強光的照射下，貓的瞳孔可以縮得很小，就好像一條線；到了早晨或黃昏，瞳孔會變成棗核形；而到了夜裡，瞳孔又可以張得很大，就像農曆十五的月亮，又圓又亮。總之，不論光線如何變換，貓都可以適時調節瞳孔的大小，使自己看得更清楚。任何動物都會通過改變瞳孔的大小來適應不同的光線，只是貓在這方面的能力特別突出而已。

為什麼燕子的尾巴像剪刀？

燕子的尾巴為什麼會長成剪刀的形狀呢？那是為

了保持平衡，提高飛行的速度。燕子在飛翔的時候經常會遇到氣流的阻力，而剪刀的形狀是流線型的，這種形狀能將燕子飛行的阻力減到最小，使牠們飛行速度更快。另外，燕子的剪刀形尾巴也有利於哺育後代。研究發現，一窩小燕子每天要吃掉幾百條蟲子。所以只有飛得更快、更穩，燕子才能捕捉到更多的食物。所以，在進化過程中，燕子的尾巴漸漸演化成現在的剪刀形，使牠們能又快又準地補捉小蟲子。

 ## 禿鷹的頭為什麼是禿的？

禿鷹為什麼是禿頭呢？這是牠們長期適應環境的結果。禿鷹主要以腐爛動物的屍體為食，進食時會將頭伸進動物的屍體裡，所以頭和脖子就很容易沾到屍體上的血污或細菌。如果頭上長有羽毛，這些細菌就會躲在裡面，對禿鷹的健康造成危害。頭上沒有羽毛的話，吃完東西後，就可以讓光禿禿的頭和脖子接受

陽光的直接照射，進行清潔和消毒作用。所以，禿鷹變成禿頭也是因為對衛生的講究。

 # 動物生病了怎麼辦？

　　人生病了可以去醫院，那動物生病了怎麼辦呢？其實，很多動物都有替自己治病的本領。

　　根據研究指出，貓和狗的唾液中含有能使傷口癒合的物質。所以，當貓或狗受傷時，牠們會不停地用舌頭舔自己的傷口，這樣傷口就會慢慢地痊癒。此外，例如貪嘴的野貓，就會去找一種叫做「藜蘆草」的植物來吃，吃完後就能把肚子裡的東西吐出來。還有，獲得了皮膚病後會自己到溫泉中洗澡。所以，很多動物都是懂得自己看病的。

松鼠的尾巴為什麼那麼大？

　　小小松鼠卻有一條大大的尾巴，這是為什麼呢？松鼠經常在樹間跳上跳下，大尾巴可以增加松鼠的跳躍距離。當松鼠從這棵樹跳到那棵樹的時候，把尾巴挺直，就可以跳出十幾公尺遠的距離。遇到兇猛的動物時，依靠這種本領，松鼠就能很快逃走。

　　另外，松鼠從樹上往下跳時，大尾巴就像降落傘一樣，幫助松鼠平平安安地落在地上。落到地上後，大尾巴蓬蓬鬆鬆，又厚又軟，像海綿墊一樣也有緩衝作用。晚上松鼠休息時，大尾巴也可以像被子一樣蓋在身上，具有保暖功能。另外松鼠還會將尾巴當做交際工具。美洲松鼠在合力對付蛇時，就是用尾巴來傳遞資訊。尾巴猛揮三下，表示進攻開始；揮兩下，表示繼續進攻；揮一下，表示停止進攻。此外，牠們還會利用尾巴不同的擺動方式，來指出威脅他們生存的是哪一種蛇類、大小、距離和運動方向。所以，千萬不可小看松鼠這條大大的尾巴哦。

馬為什麼會站著睡覺？

　　無論在任何時候，馬始終都是站立著，就連夜裡閉著眼睡覺也是站著的。也就是說，馬和其他家畜的習性不同，牠們能夠站著睡覺。遠古時期的野馬，每天都生活在一望無際的沙漠草原地區，既是人類的狩獵對象，又是豺狼等肉食動物的美味佳餚。牠們不像牛羊可以用角與敵人鬥爭，只能靠奔跑來逃避敵害。而豺狼等食肉動物都是夜行動物，白天在隱蔽的灌木叢或洞穴中休息，夜間才出來捕食。野馬為了可以及時逃避敵人，連夜間都不敢高枕無憂地臥地而睡，即使在白天，牠也保持高度警惕，以防不測。現在的家馬雖然不像野馬那樣暴露在天敵眼前，但牠們仍是由野馬馴化而來的，因此站著睡覺的習性至今仍被保留下來。除了馬之外，驢子因為祖先的生活環境與野馬極為相似，所以也保有站著睡覺的習性。

燕窩真的是燕子的窩嗎？

　　燕窩確實是燕子的窩。那我們平時見到家燕的窩是不是燕窩呢？答案是否定的。燕窩是一種特殊的燕子——金絲燕所築的窩。金絲燕的窩多位在熱帶、亞熱帶海島的懸崖峭壁上。每年春天是金絲燕築巢的季節，金絲燕的口腔裡會分泌出一種膠質唾液，吐出後經海風吹乾而成為一種半透明略帶黃色的物質。牠們就是這種用唾液加上纖細的海藻和身上的羽絨與柔軟的植物纖維做成窩。

　　燕窩被採摘下來之後，經過浸泡、除去雜物、烘乾等複雜的工序，才會成為市面上看到的燕窩成品。

最聰明的鳥是什麼鳥？

　　最聰明的鳥是什麼鳥？答案可不是會學人說話的

鸚鵡，而是烏鴉。據研究，烏鴉是人類以外具有高智商的動物，其智力大致與家犬的智力水準相當。烏鴉有著比家犬複雜得多的腦細胞結構，特別值得一提的是，除了人類以外，烏鴉是動物界中有能力使用，甚至製造工具以達到目的的鳥類，這點非常難得，因為即使人類的近親靈長類，也只有使用工具的能力，比如：借助石塊砸開堅果類。而烏鴉還能夠根據容器的形狀準確判斷所需食物的位置和體積「烏鴉喝水」的故事就證明了烏鴉的巧妙思維。

貓真的有九條命嗎？

「貓有九條命」其實只是一種誇張說法，並不正確。但是，相較於其他動物來說，貓的平衡系統和身體的自我保護能力的確比較完善，所以牠們的生命力更加強大。例如：當貓從空中落下的時候，總能使全身肌肉保持在平衡狀態，直到接近地面時，牠們就已

經做好著陸的準備，所以不會摔傷。另外，根據科學研究發現，無論是家貓還是野貓，受傷後都會發出呼嚕聲，這種呼嚕聲有助於牠們治療骨頭和器官的損傷。正因為貓具有這種高超的自我療癒能力，民間便逐漸流傳出「貓有九條命」的說法了。

豬為什麼愛用鼻子撥泥土？

豬經常搖晃著尾巴，用鼻子在泥土裡撥來撥去，這為什麼呢？原來，這是豬的覓食行為特徵。

豬鼻子是嗅覺器官，能幫助牠們尋找到需要的食物。而家豬是由野豬進化而來的，野豬喜歡吃長在地下的植物塊莖，為了找到這些食物，牠們會把泥土撥開，然後飽餐一頓。所以在吃食的時候，家豬也習慣佔據食槽的有利位置，將兩個前肢伸進槽內，撥著吃飼料。儘管家豬已經不需要自己尋找食物，但是這種撥地覓食的習慣卻保留了下來。所以，豬愛用鼻子撥

泥土只是習性而已。

狗在睡覺前
為什麼喜歡原地轉圈？

　　狗睡覺前總是會原地轉幾圈之後才心甘情願的躺下，這是為什麼呢？

　　其實，這是牠們長久以來養成的生活習慣。在動物界中野狗相對弱小，經常遇到如老虎、獵豹等猛獸的襲擊。為了防備這些動物，野狗在休息或睡覺前總是會圍著自己的住處轉幾圈，以觀察周圍的環境，確定沒有危險後才躺下入睡。

　　家狗既是由野狗馴化而來，被人類圈養在家裡並不會遇到天敵，但這種防範意識還是一直被保留了下來。

狗急了真的會跳牆嗎？

「狗急跳牆」是用來比喻壞人在走投無路時不顧一切所採取的極端行為。

但是小狗被逼急的時候，真的會從牆上一躍而過嗎？事實確實是這樣的。

原來，動物體內的細胞儲存著一種叫做三磷腺苷的化合物，主要來源於食物中的營養物質。平時，這種物質大部分都是以化學能量的形式儲存在動物的細胞內；等到有需要時，這種化學能量便會轉變成機械能量釋放出來。而狗在這方面轉換能力非常強，當牠們遇到危險時，體內的三磷腺苷就會迅速分解並轉換，釋放出巨大的能量。

在這種能量的幫助下，狗的肌肉便可以猛烈收縮，產生超出平常的爆發力，所以狗一急起來是可以翻牆的。

鴨子走路為什麼搖搖擺擺的？

　　為什麼鴨子走起路來，總是一搖一擺的，不像其他動物走得那麼穩呢？實際上，鴨子搖搖擺擺的走路姿勢是因為身體結構特殊的關係。鴨子的身體就像一艘平底船，適於浮在水面游泳。而且牠的雙腳很短，三個腳趾向前，一個腳趾向後，前三個腳趾之間有蹼。所以鴨子在水中游動時，雙腳就像船的槳一樣，划著水向前或是轉變游動方向。

　　為了適應游泳，在進化的過程中，鴨子的雙腳並非長在身體下面正中央，而是稍微靠後方的位置。這樣一來，腳掌在水裡對身體的推動力才會更大。

　　鴨子上岸後，如果身體保持水平，而雙腳重心卻是在後方，就很容易向前跌倒。所以為了維持身體平衡，鴨子必須將重心向後移到雙腳上，因此鴨子總是昂首挺胸，身體稍向後傾斜。加上鴨子腳很短，所以走路時身體隨之擺動的幅度很明顯。既要維持身體平衡，又要兩隻短腳交換著向前行，走起路來就出現一

搖一擺的現象了。

長頸鹿的脖子為什麼那麼長？

　　長頸鹿是世界上最高的動物，單單脖子就可以超過3公尺。長頸鹿的脖子為什麼這麼長呢？據科學家研究，這是牠們為了生存及適應環境演化出來的結果。據考證，長頸鹿的祖先並非都是長脖子。當時，長頸鹿的祖先生活在乾旱的半沙漠地帶，為了生存，牠們只能努力伸長脖子去吃高處的葉子。就這樣，經過長期的自然淘汰，長頸鹿的脖子就都變成現在這個樣子了。另外，長頸鹿的長脖子除了有利於牠們吃到高處的樹葉之外，還能幫助牠們及時發現敵人。所以，雖然長脖子有諸多不便，對於長頸鹿來説卻是一件好事。

狗害怕時為什麼會夾起尾巴？

　　從狗尾巴就可以看出狗的情緒。雖然不同類型的狗，其尾巴的形狀和大小各異，但是狗尾巴的動作大致表達了相似的意思。比如：兩隻公狗相遇時，牠們都會豎起尾巴；爭鬥後，輸的一方就會夾著尾巴走開，這是狗的本能反應。狗尾巴的動作其實還與主人的音調有關。如果主人用親切的聲音對牠說：「壞傢伙！壞傢伙！」牠就會搖著尾巴表示高興；反之，如果主人用嚴厲的聲音說：「好狗！好狗！」牠仍然會夾起尾巴表現出害怕的情緒。其實，對於狗來說，人們所說的話是不帶有任何意義的。

兔子為何吃自己的糞便？

　　兔子的大便通常是堅硬、圓滾滾的黑色小顆粒，

偶爾也會出現柔軟的糞便,而在這些柔軟的糞便中,就含有無法消化的植物纖維,因此再次吃進腹中,將營養吸收乾淨後,就會成為圓滾滾的糞便排出體外。若不吃這些糞便,某些兔子可能會因營養不足而死去。所以,兔子會吃自己的大便。

 ## 天鵝在高空中會不會缺氧?

天鵝可以飛翔在9000公尺的高空,這麼高的地方空氣稀薄,難道不會缺氧嗎?天鵝的呼吸器官和人類非常不同,除了肺部,天鵝體內還有數個可以儲存空氣的「氣囊」。所以在呼吸的時候,所吸入的空氣一部分進入肺部,另一部分沒有來得及和血液進行氣體交換,就會進入「氣囊」儲存起來;呼氣時,「氣囊」中的空氣被壓出,通過肺部使得氧氣進入血液,這才補行一次氣體交換——這意味著天鵝即使在呼氣,也同樣可以吸氧!因此天鵝等鳥類每做一次呼吸

活動，肺部就會發生兩次氣體交換，這種現象被稱為「雙重呼吸」。「氣囊」和「雙重呼吸」對高空飛行的鳥類特別重要，如此源源不斷的氧氣供應，使得天鵝能夠充分、自由地暢快呼吸！

鴿子為什麼不會迷路？

信鴿即使被帶到千里之外的陌生地方，也能把信帶回家。這是為什麼呢？鴿子又是靠什麼導航的呢？原來，鴿子是靠地磁導航的。如果把鴿子看成電阻，當牠在地球磁場中振翅飛行時，翅膀切割磁力線，在兩翅之間產生感應電壓。所以鴿子若是往不同方向飛行，切割磁力線方向不同，就可以從感應電壓的大小來辨別方向。但地磁並不是鴿子唯一的羅盤，因為鴿子還能感測偏振光，在晴天牠會根據太陽的位置選擇飛行方向，並參考體內生物時鐘對太陽的移動進行相應的校正。必須說明的一點是，當電流逆時針流動

時，不管是晴天還是陰天，牠都能飛回家。但是，若是陰天在鴿子頸上繫一塊磁鐵，牠們就會迷失方向。

蜜蜂為什麼不輕易螫人？

我們都知道，蜜蜂只有在受到驚嚇或刺激時才會螫人，這是蜜蜂自衛式的攻擊。螫完人後蜜蜂就會死去，因為蜜蜂的螫針一端連著內臟，另一端長有倒鉤，所以當蜜蜂螫人時，常常因為用力過猛，而將一部分內臟也拉扯出來，所以蜜蜂螫完人後就會死亡。因此，蜜蜂是不會輕易螫人的。

聽說北極熊全是「左撇子」，真的嗎？

　　猩猩、猴子之中也有「左撇子」，多數動物「左撇子」或「右撇子」的比例大致是一比一，但聽說北極熊絕大多數都是「左撇子」，這是真的嗎？

　　根據謠言，北極熊除了遺傳因素外，因為生活環境的關係總是慣用左手。

　　在有著大片浮冰的極地邊緣，北極熊多以捕食海豹為生。牠們經常趴在海豹留在冰面的通氣孔旁守株待兔，或者當海豹爬到冰面上休息時就躡手躡腳地撲過去將其撲倒。只不過，北極熊除了一身白色的皮毛外，還有一個漆黑的鼻子。所以，當北極熊從冰面上往下偷窺海豹時，牠會聰明地用右手摀住自己的黑鼻子，把自己隱藏在白色中，而騰出來的左手則用來捕食。長此以往，北極熊就變成「左撇子」了。

　　事實上，在科學家與北極熊長時間相處之後，發現北極熊的雙手都非常靈活。這種說法可能只是因為人們經常見到北極熊自如地運用左手，因而忽略了牠的右手也非常靈活。

刺蝟天生就渾身是刺嗎？

小刺蝟剛出生時是小肉球，還是天生就有刺呢？小刺蝟剛出生的時候，牠的刺毛其實是藏在皮膚底下的，因此不會傷到到刺蝟媽媽。刺蝟生性溫順，平時牠的刺都伏貼在皮膚上，只有當牠被激怒或遇到危險時，才會「舉刺相對」。幼小的刺蝟遇到危險時，也會本能地豎起刺，進行自我保護。

狗為什麼會吃草？

狗肚子的結構比較特殊，牠的胃大，約占腹腔的2/3；腸子很短，只占腹腔的1/3。

這個特點和人剛好相反，人的胃小腸子長，食物營養都由腸子吸收，狗卻是用胃來吸收營養的。狗的胃較容易消化肉類食物，卻消化不了樹葉、草等有莖

的食物。

　　但狗有時卻也吃草，只是吃得很少，偶爾還會吐掉。狗吃草絕對不是為了充饑，而是為了清腸胃。

　　當狗感到消化不良、胃不舒服時，就會吃些草，當這些草變成糞便排出時，其他東西也就隨之排泄出去了。

貓為什麼要吃老鼠？

　　科學家們幾百年來一直對這個問題困惑不解：貓如果不吃老鼠，牠們的夜視能力就會逐漸下降，最後變成夜盲症。這是為什麼呢？經過多年探索，科學家們終於解開了這個謎團。原來是一種叫做牛黃酸的物質，能夠提高哺乳動物的夜視能力。

　　貓無法自己合成牛黃酸，一旦體內長期缺乏牛黃酸，貓兒就會變成夜盲症，喪失夜間活動能力。但老鼠體內卻存有這種物質，所以貓只好不斷捕食老鼠，

以補充體內的牛黃酸，保持夜視能力。

 # 蝸牛有牙齒嗎？

　　蝸牛是軟體動物，那麼蝸牛有牙齒嗎？

　　答案是「有」！而且蝸牛是世界上牙齒最多的動物，有25600顆！在蝸牛的小觸角中間往下一點的地方有一個小洞，這就是牠的嘴巴，裡面有一條鋸齒狀的舌頭，科學家們稱之為「齒舌」。

　　齒舌的表面就像擦薑末用的銼板一樣，有一些角質小齒整整齊齊地排列著。

　　蝸牛吃東西的時候就是用這把小銼板把植物的葉子磨碎，再一點點地吃下去。

　　雖然蝸牛的牙齒像針尖一樣小，肉眼無法看到，但是十分厲害，即便你把蝸牛放入一個比牠的殼還硬的硬紙盒中，牠也能咬破硬紙板爬出來。

　　所以，千萬不要小看像蝸牛這樣的小生物，牠們

也有保護自己的方式。

為什麼鱷魚要吃石頭？

　　研究發現，鱷魚會吞食石塊。若是生活在多淤泥或少土地區的鱷魚，為了尋找石塊，有時還不得不爬行到較遠的地方去。這是為什麼呢？原來鱷魚是靠著胃裡的石塊來磨碎獵物的骨頭和硬殼。鱷魚胃裡的石塊重量大約占鱷魚體重的1%。

　　除此之外，鱷魚吞食石塊還有幫助潛水的作用。胃中沒有石塊的幼小鱷魚，潛水能力大大弱於吞食了石塊的鱷魚。這些石塊使鱷魚便於潛伏在水底，利於牠們在水底的行動，使牠們不致被湍急的水流沖走，且胃中的石塊還有助於鱷魚將大型獵物拖進水裡。

　　所以，吃石頭對鱷魚來說是很重要的。

第四章

世界奇遇記

印度哪一個節日裡，
女人以打男人為樂嗎？

　　每年有一天，印度婦女會頭裹紗巾，手持竹棍，威風凜凜地站在一起。這一天是印度北部地方的傳統節日胡里節（Holi，或譯棒打男人節），一場女人打男人的節目就要上演了。每到這一天印度男子只能用盾牌護身，接受女人們如雨點般落下的棍子。為什麼女人在胡里節要打男人呢？這源自於一個傳説。印度南德岡的克利須那王到巴爾薩納時，曾在這裡愚弄過妻子及她的朋友，引起當地女士的不滿，於是每次見到克利須那王就會用鐵杖或大竹棍把他趕走。

　　這一天，男人不只要挨自己妻子的棍，街頭巷尾只要被婆婆媽媽遇見就會被打，女人們越打越起勁，男人們就越來越狼狽，一個盾牌不夠用，有的人只好多拿一個。不管打得多兇，雙方都不能記仇。

日本和服背後為何
總是會背一個小包包？

我們都知道日本和服背後有一個小包包，這是為什麼呢？這個小包包有什麼作用？

日本婦女穿和服時，背部都會纏著一個看來像小背包的東西。其實，那不是小背包，日本人把它叫做「帶」。

用帶繫身可以顯出形體美，同時也是使和服更加多彩的裝飾。現今，和服已經成為日本文化的代表。

聖誕老人村在哪裡？

芬蘭流傳著一個故事，聖誕老人和兩萬頭馴鹿就住在「耳朵山」上，正是因為有「耳朵」，聖誕老人才能在北極聽到世界上所有孩子的心聲。

　　這種充滿感染力的想像獲得了世人認可，從此故事中的「耳朵山」就成了聖誕老人的故鄉。地圖上標有北緯66°字樣的白色標線就是北極圈的緯度，而聖誕老人村就位於芬蘭拉普蘭地區羅瓦涅米以北八千公尺處的北極圈上。每年都有源源不斷的遊客從世界各地湧向這裡，只求一睹聖誕老人的風采。在聖誕老人村的禮品店裡，遊客可以買到各種帶有芬蘭特色的精美禮品，還可以得到一張跨越北極圈的證書，聖誕老人郵局裡更是可以找到各種充滿童話色彩的郵票、賀卡和禮品等。所有從此處寄出的信件，也會特別蓋上北極聖誕老人郵局的郵戳。

　　此外，遊客還可以在郵局預訂一封由聖誕老人親筆簽名的信，等到耶誕節時寄到親朋好友手上，給他們意外的驚喜。

 什麼國家沒有紅綠燈？

　　大城市擁擠的交通、無數的紅綠燈往往讓人們頭痛不已，你知道有個國家完全沒有紅綠燈嗎？

　　那就是聖馬利諾共和國。

　　聖馬利諾共和國是歐洲最古老的國家之一，風景秀麗，每逢旅行旺季，街市上人頭攢動，車子川流不息。聖馬利諾只有兩萬多人口，卻擁有五萬輛車，按理說應該是擁擠不堪。

　　但實際上，在聖馬利諾行車，道路順暢，極少發生堵車現象，偶爾塞車也不必擔心，很快就會自動化解。尤其令人驚奇的是，在該國境內各種大小交叉路口完全看不到任何紅綠燈信號。不需要紅綠燈，交通卻依舊井然有序，這其中的奧妙就在於聖馬利諾的公路設計和交通管理十分科學。該國的道路幾乎全是單行道或環行道，用路人如果不轉彎，一直開到底，就會不知不覺地返回原來的位置。並且在沒有交通燈號的交叉路口，駕駛人員都能夠自動自發遵守小路讓大路、支線讓主線的規則。各路口上都標有醒目的「停」字，凡經此匯入主幹道的汽車，都必須停車觀望等候，確認幹線無車時才能駛入。在聖馬利諾，遵

守交通規則，已經形成習慣。

 ## 活埋兒童一分鐘以祭祀女神
是來自哪裡的儀式？

在離印度馬杜賴卡馬拉伊市四十六公里的佩拉于爾村有一種奇異的祭祀儀式：兒童會在父母的視線內被活埋整整一分鐘！

參加這一祭祀儀式的兒童會在沒有意識的情況下被放入預先準備好的臨時墓穴，用土完全掩埋一分鐘之後，再將他們挖出來。據說這是當地的傳統宗教習俗，是為了祭祀兩位能夠驅趕妖魔的女神。

令人稱奇的是，進行活埋儀式整個過程中，孩子的父母以及政府官員都在一旁神色從容地觀看。原來佩拉于爾村的村民為了讓心中的願望早日實現，總是爭先恐後地將自己的孩子送去參加活埋祭禮。按照當地習俗，被埋的女孩必須是青春期以前的女童，男孩

子則不被強求參加這種儀式，平均年齡從四歲到二十歲不等。儀式開始時，父母會將一種植物的灰燼撒在孩子頭上，然後朝他們的面部和頭部噴灑一種薑黃水。一般來說，經過這兩道程序之後，多半孩子會失去知覺。如果還有知覺的話，就會失去被活埋的資格，其父母也將因此遭到罰款一千盧比。讓孩子失去知覺的目的是為了防止他們在「墓穴」裡掙扎蠕動。就這樣，動彈不得的孩子頭部被裹上一塊黃布，並送往廟宇前的掩埋地。孩子「入土」之後，地面上的家長們則紛紛剖開椰子祈禱許願。整個儀式持續一分鐘之後，負責主持的祭司示意「墓穴」可以打開。隨即，孩子被挖了出來，頭上的黃布也被扯掉，由親屬們將孩子運走。

日本女性的名字為什麼多以「子」結尾？

　　日本女性名字末尾常見「子」這個字，這是為什麼呢？昭和時代以後，日本過半數的女子名字都是某某「子」。為什麼會有這種風俗呢？因為平安時代（西元七九四至一一九二年）盛行陰陽五行學說，謂女性為「陰」。而「陰」又是「穴」，是四次元冥府，乃創造萬物的根源世界。而代表這個「陰」的方位就是「子」。以時間觀念來講，「子」是一天的結束，也是一天的開始。也就是說，所有嶄新事物均來自此四次元世界，而「子」的中心存在正是女子。所以，日本人為女孩取名多以「子」結尾。

 ## 法國國旗上的三色帶，寬度為什麼不一樣？

　　法國國旗分別是藍、白和紅色寬條，寬度比是33：30：37，這和早期法國革命時的巴黎市市旗比例一致。

這個劃分比例是有其道理的。最初的法國國旗是按藍、白、紅三色同樣寬度的尺寸做成。後來發現，由於中間的白色較兩旁顏色明亮，使人產生一種錯覺，看上去總覺得紅色沒有藍色寬。後來，為了消除這種錯覺，才把藍色縮窄，把紅色加寬，使其呈現在眼前時可以自然而勻稱，於是便有了今天的比例。

女人可以娶妻嗎？

誰說世界上只有男人娶妻，女人也是可以「娶妻」的！這個「天方夜譚」來自非洲。

蘇丹是非洲面積最大的國家。在該國南部的克雷亞地區，有一個以牧牛為生的努爾族，約有四十多萬人口，他們居住在一大片草原上。努爾族人至今保留著世界上絕無僅有的奇異風俗──女人「娶妻」。

「娶妻」時，全村男女老少興高采烈，在非洲特有的達姆鼓等打擊樂器伴奏下，縱情載歌載舞。家家

戶戶殺羊宰牛熱鬧非凡，喜氣洋洋。這時打扮得花枝招展的「新人」們，身上均裹著鮮豔的婚服，頭上罩著絢麗的面紗，並且都是女人。她們分別側身坐（不是騎）在兩頭毛驢身上。毛驢披紅掛綠，頸脖上的鈴鐺清脆作響，一前一後在眾多親友的簇擁下，浩浩蕩蕩來到「新郎」家……

不過，並非所有女人都有資格「娶妻」。蘇丹的法律嚴格規定，必須有特殊原因，導致該女人成了家中唯一的倖存者，大家才可以把她當做「男人」，也才可以「娶妻」。這種「丈夫」除性別與男人不同外，在家中所承擔的責任和義務與真正的丈夫都是一樣的。並且她「娶妻」也是為了繁衍後代，以便後繼有人。但是這種同性家庭該怎麼達到傳宗接代的目的呢？

原來這位「丈夫」必須邀請一位男性親屬與其妻子生兒育女。也就是説，她只是「名義上的丈夫」，而其妻所生子女都是「婚外情」的結晶。雖是「私生子」，但孩子們都會姓她的姓，並稱其為「爸爸」，以便讓後代名正言順地納入「父系」門庭之中，延續

香火。而孩子們也會像尊重男性父親那樣尊重她，因為她是這個家庭的主宰。

丹麥為什麼有兩首國歌？

　　丹麥有兩首國歌。一首叫做《國王克利斯》，歌詞寫作於一七七九年。這首國歌所反映出來的情緒，與一度身為軍事強國的丹麥歷史有關。另一首丹麥國歌，創作於丹麥戰敗並失去挪威之後的一八一九年。這首國歌叫做《這是一個美麗的國度》，幾乎是一首田園詩，是溫和而深情的民歌。現在這兩首國歌都是丹麥的法定國歌。

　　根據丹麥人對這兩首國歌的態度，大致可把他們劃分成兩個陣營──保守派和激進派。這兩個陣營都沒有能力說服對方或壓制對方，因此丹麥乾脆就讓兩首國歌同時保留下來。

　　在不同的時間和不同的場合，演奏或歌唱不同的

國歌就成了丹麥人表達自己愛國情緒的方式。而丹麥政府外交部，也在多年的國際活動中形成了一套約定俗成的方案，使丹麥能夠在不同的場合中，針對不同的對象和主題，挑選一首國歌演奏。

　　兩首國歌，各自表達丹麥人對國家兩種微妙的情緒，由於兩種情緒都沒有成為主流，所以只好以民主的方式在丹麥人的生活中交替出現。

「拔牙者紀念日」
是紀念拔牙的人嗎？

　　拔牙者紀念日並不是為了紀念拔牙的人喔。

　　每年的四月二十一日是巴西的拔牙者紀念日。拔牙者是巴西獨立運動的先驅，因擅長拔牙，大家都叫他「帝拉登特斯」，在葡萄牙語中，就是「拔牙者」的意思。一七八九年年初，「拔牙者」決定起義，後遭逮捕。在此後為期三年的審訊中，他堅持不屈，最

終於一七九二年四月二十一日慷慨就義。「拔牙者」
所領導的起義揭開了巴西獨立運動的序幕，「拔牙
者」也因此成為民族英雄，被尊稱為「巴西獨立之
父」。於是後來，巴西政府便將「拔牙者」壯烈犧牲
的日期四月二十一日，定為假日。

人類歷史上哪幾天是空白的？

　　人類歷史上有幾天是空白的，就是1582年10月
5日至10月14日這10天，被認為是空白天，並不存
在。

　　現在使用的西曆叫格里曆，是從儒略曆改進而來
的。西元前46年羅馬統治者儒略・凱薩將陽曆作了
一些修改，制定出儒略曆。

　　儒略曆將一年分為12個月，平年有365日；能
被4除盡的年份為閏年，閏年366日。就這樣，儒
略曆的歷年平均長度便是365.25日，與回歸年長度

365.2422日相差0.0078日，每400年約差3日。正是因為儒略曆不夠精確，長年累計下來誤差了10日。為了消除這個差數，教皇格里高利十三世聽從天文學家的建議，決定把儒略曆1582年10月4日的下一天定為10月15日，中間消去10天，同時修改了儒略曆的置閏法則：能被4除盡的年份仍然為閏年，但每個世紀年（如：1600、1700年等），只有能被400除盡的才為閏年。就這樣，400年中只會有97個閏年，比原來減少3個，使歷年平均長度成為365.2425日，更接近回歸年的長度。

　　經過這樣修改的儒略曆就叫做格里曆。剛開始只在天主教國家使用，到了20世紀便為全世界普遍採用，又稱西曆。

父親節**是怎麼來的？**

　　雖然各國訂立的父親節日期不盡相同，但我們都

知道每年一定有一天是父親節，可是世界上第一個父親節是怎麼來的呢？

　　第一個父親節是在1910年誕生於美國的。1909年時，住在美國華盛頓州士波肯市的杜德夫人參加完教會所舉辦的母親節主日禮拜之後，心裡有了很深的感觸，為什麼就是沒有紀念父親的節日呢？杜德夫人的母親在十三歲那一年去世，身後留下六名子女，於是杜德夫人的父親威廉‧斯馬特先生，父兼母職撫養六名子女長大成人。斯馬特先生參加過美國南北戰爭，功勳卓著，他在妻子過世後便不再續弦，全心帶大六名兒女。經過幾十年的辛苦，兒女們終於長大成人，但是斯馬特先生卻因為經年累月過度勞累而病倒辭世了。

　　杜德夫人將她的感受告訴教會的瑞馬士牧師，她希望可以設立一個特別的日子，向父親致敬，並以此紀念全天下偉大的父親。瑞馬士牧師聽了斯馬特先生的故事後，深深地為斯馬特先生的精神與愛心所感動，也很支持杜德夫人。於是杜德夫人在1910年春天開始推動成立父親節的運動，士波肯市市長與華盛

頓州州長也公開表示贊成，於是美國華盛頓州便在
1910年6月19日舉行了全世界第一次的父親節慶祝大
會。

 # 領帶是誰發明的？

在現代社會中，男士穿西服的時候都會打領帶，
那你知道領帶是誰發明的嗎？

17世紀時，有一支南斯拉夫的騎兵部隊來到法
國巴黎。那些騎兵身著威武的軍裝制服，脖子上繫著
一根細布條，騎在馬上顯得威風凜凜，十分有精神。
於是巴黎部分愛趕時髦的紈褲子弟也開始模仿騎兵的
打扮，在自己的衣領上繫一根布條。這根布條後來就
演變成了領帶。

關於領帶的由來還有另一種說法。同樣在17世
紀時，法國國王路易十四對奧地利哈布斯堡發起「帕
拉提內特之戰」。當時，奧軍士兵的脖子上都佩戴著

一塊白布圍巾作為標誌，據說看到這種標誌能夠喚起士兵的鬥志。後來路易十四也如法炮製了一條，在宮中上朝理政時都佩戴著它。

這種裝飾很快就在皇宮裡流行開來，並擴展到法軍部隊中，成了貴族和軍隊專用的裝飾品。很快地，這種裝飾品在一般市民之間也流行起來，而且增加了許多新花樣，不管領帶的形狀、用料和打結方法都發生了變化，逐漸演變成現在的領帶。

哪一個國家的女孩求婚，男孩不能拒絕？

位於西非邊緣有一個由五十多個小島組成的國家，在這裡女人選擇她們的配偶時，通常會準備好用紅色棕櫚油所浸泡的魚，然後將魚送到心儀的男人面前，此時男人必須單膝跪地，為女人送上一顆鑽石戒指。如果女人問男人是否願意和她結婚，這時男人不

能説「不」。

　　這裡的男人年輕時會特別關心自己的體形，必須學會跳舞，還要學寫詩，這一切都是為了吸引女人的注意。由女人選擇男人的婚姻似乎穩定得多，這裡幾乎沒有離婚。而當男人們等到自己的準新娘之後，就會動身到蛋殼一樣潔白的沙灘上尋找材料來搭建他們的新居。

「綠帽子節」是怎麼回事？

　　中國人不喜歡戴「綠帽子」，可是有一個地方竟然要過「綠帽子節」。

　　這是為什麼呢？每年的3月17日是西方的聖派翠克節，也叫「綠帽子節」。這個節日在5世紀末期時起源於愛爾蘭，美國從1737年3月17日開始，也會慶祝這個節日。這一天，人們會舉辦遊行、教堂禮拜和聚餐等活動。在美國的愛爾蘭人則會佩戴三葉苜蓿，

並用愛爾蘭的國旗顏色——綠黃兩色裝飾屋子，同時身穿綠色衣服，頭戴各式各樣的綠帽子，向賓客贈送三葉苜蓿飾物。

你聽説過「金槍魚折騰節」嗎？

金槍魚折騰節（Tuna Tossing Festival）是澳大利亞的一個奇特節日，艾爾半島的林肯港每到1月26日，人們就會把捕獲到最大的金槍魚拿出來玩耍。這個節日開始於1962年，金槍魚是澳大利亞最大的城市產業，金槍魚罐頭原產地也在這裡。1998年，奧林匹克鏈球運動員肖恩・卡林，曾經將一隻金槍魚足足投出37.23公尺遠。這天果然就是「折騰」金槍魚的節日。

為什麼國外救護車車前蓋上的 AMBULANCE一詞是反著寫的？

國外救護車車前蓋上的AMBULANCE一詞是反著寫的，這點其實是國外急救系統中非常細心的表現。

雖然從正面看是反著的，但是開在前方的車子從後視鏡看就是正的了。

所以這是為了方便前車識別及避讓所做的設計。

既然有母親節，那有沒有婆婆節呢？

據說在中國大陸的潮州地區每到正月初十這天就會過婆婆節，這一天裡婆媳相聚，和睦相處，互敬互愛。媳婦們會為婆婆做好菜，添新衣，敬祝婆婆健康長壽。

美國的勞動節
代表著什麼意義？

如果你問美國人勞動節意味著什麼？得到的回答多半是這樣：那是個代表夏季即將結束、秋天即將到來的短暫假期。

孩子們將這個節日視為上學前最後一個開心的假日，某些體育盛事也把這天當做開賽的標誌。

人們可以在這天聚餐，在自家院子草坪上架起烤爐，親戚朋友們邊吃邊聊；還可以把平時懶得打理的車庫好好清理一下，將用不著的家當擺在院子裡低價出售——這也算是社區聚會聊天的好機會。

美國勞動節是每年九月的第一個星期一。

一八九四年六月，美國第二十四任總統格羅弗·克利夫蘭在敦促國會將勞動節定為國家節日時，還特意選擇了九月這個時間，而非選在很多國家所習慣的「五一國際勞動節」。

日本人會因為血型 而解雇一個人嗎？

在日本，人們經常會問一個問題：「你是什麼血型的？」這並不是一個簡單而隨意的話題，從相親到找工作，日本人都會參考血型。

日本人對血型決定性格的論調非常支持，幾乎到了迷信的程度。

儘管有很多科學研究指出血型並不能決定什麼，但很多日本人仍然相信血型能說明一切。如今，在日本社會生活中你會發現血型因素無處不在，日本人甚至可能因為血型而解雇一個人。

「新娘市集」就是 賣新娘子的市場嗎？

　　在摩洛哥的阿特拉斯山地，居住著古老的柏柏爾族人。在柏柏爾人生活的地方，有一個名叫艾莫契爾的村莊，那裡每年都會舉辦「新娘市集」。柏柏爾族姑娘只要年滿十二歲，即可參加這樣的婚市。如果一位姑娘在婚市上吸引住某個男性求婚者的目光，得到父母的同意後，他們便可以開始漫長的戀愛時光。

　　依照摩洛哥的法律，不滿十六歲的少女是不能結婚的。然而不少柏柏爾人都極力維護這個婚姻傳統，他們的女兒總是很早就會參加「市集」，等待青年男子的挑選。而對於寡婦和離過婚的女人來說，艾莫契爾村的婚市更是一個可以再次把自己「出售」給某個心上人的公開市場，並且因為已經有過生兒育女的經驗，往往更容易達成婚約。

　　關於婚姻，柏柏爾人還有一個有趣的風俗。在柏柏爾女人出嫁前，母親必須把指甲花的汁液塗在女兒的雙腿上，這是一個很重要的儀式。柏柏爾人相信這樣做就可以驅趕一切災禍和妖魔鬼怪。

在德國賣馬鈴薯
還會送說明書嗎？

　　德國歷史上不乏有韜略的政治家、善於思辨的哲學家、才華橫溢的藝術家，更不乏奉制度為圭臬、生性守時守法、尊重權威的平民百姓。

　　約束這些百姓的不僅是法律，更是一種民族的自覺性。

　　你知道德國人嚴謹到什麼程度嗎？去過德國的人可能會有這樣的經歷：就連去市場買馬鈴薯都會發現馬鈴薯全都用紙袋子包著，而賣菜的人甚至會在裡面塞一張說明書，告訴你馬鈴薯該怎麼煮、怎麼炸等。

世界上有沒有
醜八怪專用的相親網？

相親的時候，大家都會把自己修飾得很完美，可是你知道嗎？在英國有個名為「醜蟲舞會」的網站，必須根據申請者提供的近照，先確保申請者「素質」後才批准會員資格。並且杜絕俊男美女註冊成為會員。

世界上真的有「女兒國」嗎？

據說在瑞典有一個只推崇姐妹之愛，不准男性介入的地方，那就是沙科保市。該市住了兩萬五千名來自歐洲各地的女子。該城嚴禁男性越雷池一步，任何男性若想進入這座女人城，就會被女警打個半死。

沙科保市的市民主要從事木工業，因此大部分女子都會在腰部綁一條粗皮帶，皮帶上裝滿各種木工器具。也有些女子是到臨近城市工作，下班後才返回沙科保市。沙科保的旅遊業興旺，旅館和餐廳林立，都是為了接待來自世界各地的女子。

　　不過，這個故事似乎是個都市傳奇。因為有人到當地去求證之後，確定這只是一個網路謠言，不足以採信。

 # 俄羅斯婚禮上為什麼會有人「叫苦連天」？

　　在俄羅斯，婚宴上總是會有人大喊：「苦啊！苦啊！」每當有人帶頭喊苦時，在場的所有人就會齊聲附和，這時新人便會站起來，當眾深情地一吻。沒過幾分鐘，又會有人大聲叫「苦」，新郎新娘便又要站起來，再次用甜蜜的吻平息親友們的叫「苦」聲。

　　這個儀式在婚宴上至少要重複十幾次，親友們才肯善罷甘休。原來按照俄羅斯人的說法，酒是苦的，不好喝，應該用新人的吻把它變甜。

禿頭的人
會有頭皮屑嗎？
冷知識追追追
Can Bald People Get Dandruff?

201

世界上真的有吸血鬼嗎？

　　西洋媒體中有著大量關於吸血鬼的文學和影視作品，故事中的吸血鬼多半被描繪成嗜血、吸取血液的怪物，是西方世界中著名的魔怪。之所以稱之為魔怪，乃是因為這種生物處於一個尷尬的地位：既不是神，也不是魔鬼，更不是人。

　　按照醫學的解釋，這其實是一種叫做「紫質症」的疾病。在最嚴重的紫質症患者體內，紫質會蠶食聚集區域附近的組織和肌體，導致面部器官腐蝕，並出現種種怪異或讓人聯想起吸血鬼的舉止。

　　紫質是一種光敏色素，大多數紫質在黑暗中呈良性，不會對身體造成什麼危害。一旦接觸陽光，就會轉化為危險的毒素，吞噬肌肉和組織。因此，紫質症患者就像傳說中的吸血鬼那樣，只能生活在黑暗世界裡，不能見光。

　　絕大多數紫質症患者都伴有嚴重的貧血，他們身體中的紫質會影響造血功能，破壞血紅素的生成。通

常，紫質症患者的身體上還會帶有大片色素沉澱，並且往往呈現紫色。由於毒素的作用，紫質症患者的耳朵和鼻子都會被腐蝕，皮膚上也佈滿疤痕，使他們看上去格外蒼老。在歐洲的傳說中，常常都會將長生不死的人描述成這個樣子。以訛傳訛之後，就有了「吸血鬼有不死之身」的說法。

日本國名跟中國有關嗎？

日本最初是叫什麼名字？它一開始就是一個國家嗎？日本這個名字是怎麼來的呢？日本的國名最早出現在七世紀，在此之前，日本便以大和朝廷代表國家，稱「大和國」，但國際上一直採用的是當時中國對日本的稱號——倭國。西元607年，日本派小野妹子為遣隋使。小野妹子向隋朝呈遞的國書中寫：「日出處天子致書日沒處天子」。此後，日本便力圖改變臣服於中國的地位，致力爭取與中國的平等關係。隨

著國力的發展，更提出正式確定國名的議題。大化革新後，日本仿效唐制，建立了封建中央集權制國家，並為了提高國際地位，決定改用新的國名，以導正原來不雅的稱呼。於是從致隋國書的「日出處天子」得到靈感，從西元六七〇年開始便以「日本」為國名，意為太陽升起的地方。

蔥除了吃以外
還有其他用途嗎？

蔥在東亞國家以及各處華人地區是很普遍的調味品或蔬菜，在烹調中佔有重要地位。但在其他地區，蔥其實還有更為重要的用途。在埃及農村，很多農民把蔥當作真理的標記。他們在爭論和訴訟時，便會手拿一根蔥，高高舉起，表示真理在手，並以此發誓。

哪些國家禁止離婚？

有些國家是禁止離婚的。愛爾蘭就是全世界結婚率最低的國家，因為身為一個信奉天主教的國度，這裡禁止離婚，因而適齡男女大都選擇觀望，遲遲不願去辦理結婚登記手續，造成不婚和晚婚。另外，還有菲律賓、馬爾他、巴拉圭、安道爾和聖馬利諾也都禁止離婚。阿根廷原本也不允許離婚，但後來最高法院宣佈分居夫婦有權再婚，就等於暗示離婚是合法的了。

美國總統也有自己的節日嗎？

在美國當總統，也有專門的節日能過嗎？說起美國的總統日，人們都會想到美國歷史上兩位偉大的總統──喬治・華盛頓和亞伯拉罕・林肯。他們不但是

最受美國人尊敬和愛戴的兩位總統，而且剛好都出生在二月。

於是美國的總統日便定在每年二月的第三個星期一，與陣亡將士紀念日、感恩節等享有同等地位。

在哪個地方結婚，
新郎必須要先挨揍？

在印度東部的比哈爾邦，每年都有成千上萬的單身漢被「劫持」，兩三個星期後便被迫成婚。為了逃避這種暴力婚姻，一些富家單身漢便雇來保鏢，在每年的結婚黃金期逃離居住的地方，而因為工作出不了遠門的男人，就連上班也要三五人結伴同行。

比哈爾邦是印度最貧困的地區之一，父母千方百計地送自己的兒子到別的地方謀生，女孩子卻不能離開，因此造成男女比例嚴重失衡，所以新郎通常都是搶來的。姑娘的父母親物色女婿的標準，以政府官

員、醫生、教師、生意人最熱門。挑選好新郎後，新娘家便會派出五六個劫持者去搶。一般而言，新郎都是在公共汽車和郊區的火車上，或是商場裡被劫持走的。劫持者看到「獵物」後，便先猛揍一頓，然後把他關在一間小屋裡，三四天內只給水喝，關進來的準新郎通常被鎖在牆上或床上。如果想偷偷逃跑或敢說「不願意」，就又得挨一頓揍，直到點頭同意這樁婚事為止。

金氏世界紀錄中的
「金氏」指什麼？

　　金氏世界紀錄中的「金氏」指的是金氏啤酒廠。啤酒廠成立於一八八二年，總部設於都柏林，後遷往倫敦。這裡所生產的黑啤酒享譽世界。一九五五年，金氏啤酒廠的子公司——世界之有限公司出版了名為《金氏世界紀錄大全》的書。這本書後來聲名大噪，

知名度遠遠超過金氏啤酒。

《金氏世界紀錄大全》自一九五四年九月開始編撰，一九五五年出版發行第一版（約十五萬冊）。

從那時開始至一九九〇年止，發行量累計達到了六千五百多萬冊，厚度相當於一百六十八座珠穆朗瑪峰。此後《金氏世界紀錄大全》自一九九六年起更以三十七種文字出版四十個版本，在世界各國發行。

這本書引人入勝，極具知識性、啟發性和指導性，囊括了各式各樣的世界之最，正是這些特色使得金氏世界紀錄成為世界上最著名的圖書之一。

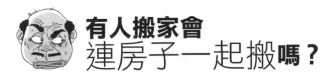

有人搬家會連房子一起搬嗎？

根據美國政府的統計，美國一年有17%左右的人會搬家。而所有搬家的人當中，約60%是就地遷居，其餘的是搬往外地。

在美國經常能見到搬家會連房子一起搬。這種情景大多出現在低收入家庭，因為他們的房子是沒有地基的。和我們一樣，美國也有搬家公司。你可以在家裡把行李打包好，然後讓搬家公司搬，但是費用很高，而且有時間限制，超過三小時就得另外收費。因此，大多數人都是租車自己搬。基本上只要有一般駕照就可以到車行租一輛搬家卡車。只要自己從車行開走，然後在指定時間還到指定的地點就行了。

其實不只是窮人家的木質結構房屋可以整體搬遷，就連稍好些的磚石結構房屋也是有可能整體搬遷的。

哪個民族以肥胖為美？

摩爾人是典型的遊牧民族，他們生活在撒哈拉沙漠較為平坦的空曠地帶，所以他們的婚禮也明顯反映出沙漠上特有的粗獷氣息，從該國充滿趣味的婚禮儀

式便可窺見其文化特色。長期以來,摩爾人沿襲著一項傳統,就是女兒的婚事由母親決定,父親不得干預。哪位小夥子若是相中某位姑娘,其母親便會帶著禮物去向姑娘的母親提親。姑娘的母親若表示同意,婚事當場便確定下來,並商定舉行婚禮的具體日期。

在摩爾人眼裡,衡量新娘是否美麗,並不是長相和身高,也不是首飾和衣著,而是姑娘身體各個部位的肌肉是否發達。哪位姑娘腰身粗、脖子短、臀部突出、乳房高聳,她便是公認的美人。娶到這樣的姑娘,不僅新郎感到自豪,家人更覺得是莫大的榮耀,同族也感到臉上有光。

瘦高的男人總是渴望娶一個肥胖的妻子。在他們看來,肥胖的妻子是財富的象徵。若是哪位小夥子娶了一位肥胖超群的妻子,這家的婚禮必定異常隆重,許多人都會不辭辛勞地趕來賀喜,一睹新娘子的風采。

為了讓自己的女兒成為光宗耀祖的「新嫁娘」,做母親的總是競相研究肥胖之道。富貴人家的女孩子,從七八歲開始,便由父母給予致肥訓練。每日由

女僕將油脂抹在女孩身上，並且喝羊奶，吃含有豐富脂肪的食物，從不參加戶外勞動或做劇烈運動。

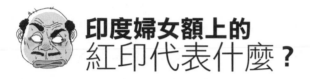

印度婦女額上的 紅印代表什麼？

我們在印度電影、電視劇裡，經常會看到一些婦女額上點有紅印。在額上點紅印是印度教的習俗，並非為了美觀，而是有一定含義的：一是表示這個婦女已婚；二是表示她丈夫健在；三是表示她的家庭平安吉祥。點紅印的時間就在結婚當天，由丈夫用朱砂粉在妻子的額頭上按一個圓點。從此，只要丈夫還健在，妻子每天都要自己在額上點紅印。

在哪個國家不能 把梳子當禮物？

　　我們送人禮物可以贈送梳子，但在有些國家送梳子卻是大忌。比如在日本，梳子就不能當作禮物送人。若有人不慎將梳子掉在街上，也絕不會有人撿。就連在飯店裡，也很少會擺梳子供住宿者使用。這是因為在日文中，梳子的發音和「苦死」近似，送人梳子等於送人苦吃。撿到梳子也就等於自討苦吃。

三藩市就是舊金山， 那麼有新金山嗎？

　　三藩市的得名，來自於方濟會創始人聖法蘭西斯科。十九世紀時這裡是美國淘金熱的中心地區，早期華人勞工移居美國之後，多居住於此，並稱之為「金

山」。直到在澳大利亞的墨爾本發現金礦後，為了與被稱作「新金山」的墨爾本區別，人們才改稱這裡為「舊金山」，所以世界上有兩個「金山」。

在哪個地方老鼠是神聖的？

有句話説「過街老鼠，人人喊打」，但也有人是喜歡老鼠的。在印度拉賈斯坦邦地區的人就認為老鼠是印度教的神，是神聖加尼西的使者，負責掌管人間「繁榮和成功」。因此他們把老鼠當成神聖物崇拜愛護，嚴禁捕捉。

你聽過禁止單獨吃飯的法令嗎？

　　歐洲中世紀（西元五～十六世紀）的飲食習慣、烹調方法和餐桌禮儀被稱為中世紀飲食文化。這套飲食文化留傳近千年，涵蓋嚴寒的北歐和酷熱的地中海，屢經轉變更替之後，成為今日歐洲菜系的基礎。隨著歐洲文明的擴張，其影響見諸世界各地。

　　歐洲貴族飲食講究排場，不但有專人傳菜，還要奏樂以增加氣氛。

　　中世紀歐洲人認為獨自吃飯有失禮儀，當時的歐洲人把吃飯當成一種群體活動。不論是兄弟姊妹或在家幫傭的傭人，都應該一同進食。十三世紀時，英國林肯郡主教羅伯特‧格羅塞特就曾建議英王頒令禁止人們離開會堂進食，亦不得在私人房間內吃飯，否則就是對地主和女士不敬。

「牙齒越黑越美」的習俗出自哪一個國家？

現在很多人都喜歡美白牙齒，認為潔白的牙齒才是美麗的標誌。但是，竟然有人以黑色的牙齒為美。

在越南就有染齒的習俗，無論是城市還是鄉村，許多婦女都把牙齒染得烏黑發亮。保持白色牙齒的人，就會受到大家恥笑以及社會輿論的譴責。就連民歌中也有「白齒像呆齒」的歌詞。人們認為美貌女子的牙齒必須是黑齒。因此，許多女子寧可忍受痛苦也要將牙齒染得烏黑發亮。

染齒期間不能咀嚼硬食物，半個月內更是忌食米飯，只能吃粥等流質食物。

哪個國家的未婚女人
規定剃光頭？

擁有一頭烏黑直順的長髮是許多女孩子的憧憬，但是你知道嗎？在某些地方，未婚女子是不能留頭髮的。緬甸南部的那加族少女個個都剃著光頭，因為按

照當地習俗，未婚女子絕對禁止留頭髮，只有成婚之後，才可以蓄起長髮。

買針也有禁忌嗎？

在埃及，從下午三點開始到五點為止，任何人無論花多少錢也別想買到針。因為他們有一個傳說：仙人曾在某天下午三時至五時下凡，向人間賞賜。越富的人得到的賞賜越多，最貧窮的人則得到的最少。因為當地人認為賣針的人家是最貧窮的，為了多多得到賞賜，所以在這個時候，誰也不賣針。

哪個地方的水不能隨便喝？

你聽說過看到標誌才能喝水的風俗嗎？在侗族等

少數民族地區，飲水的時候先要看看水邊是否有用草扭成耳朵形狀的標誌。如果有，表示這股泉水可以放心飲用。那兒的人們為了方便飲水者鑑別泉水是否能喝，就在泉邊放上這種草製的標誌。如果飲水的人發現標誌已經乾枯，就會主動做好新草標放在那裡。

在哪些地方同樣性別
不可手拉著手走在街上？

同性手拉手沒什麼，尤其對女孩子而言。但在有些國家同性之間是不可以手拉手的。在拉美國家，同性別的人在街上走路時，不能手拉著手，否則就會被當成同性戀者。

交談時也不可涉及私事，不談家常，不詢問個人問題，打招呼也只是說一聲「你好」。

端午節有什麼禁忌？

每年的農曆五月初五是傳統的端午節。民間認為這一天不吉利，所以有「躲午」的習俗。

周歲以內的嬰兒要送到外婆家去躲藏；家家都要在門旁插艾草以趨吉避凶；小孩身上要佩戴棉布縫製的香包。並且這些東西都要要小心保護，不能丟失，否則年內將有災難。

躲過端午之後，就要將所佩戴的東西扔到水裡，以祛除災禍。

生日歌最初是用來慶祝生日的嗎？

生日歌最初其實不是用來慶祝生日的。有一對姐妹，一個叫瑪德里德・希爾，一個叫柏蒂・希爾，她

們是路易思維爾市的肯德基實驗幼稚園教師。姐妹倆一起為兒童們譜了一首歌，歌名為《大家早》。

一八九三年，姐妹倆發表一部歌曲集，名為《幼稚園的故事》。三十一年後，柏蒂・希爾出任哥倫比亞大學師範學院幼兒教育系的系主任時，一位名叫羅伯特・H・科爾曼的男士，未經姐妹倆的允許，私自出版了《大家早》這首歌，並在後面加上一段歌詞，就成為現今大家所熟悉的《祝你生日快樂》。

演變到最終，原創者的第一段歌詞消失了。《祝你生日快樂》完全取代了原來的歌曲。

瑪德里德在一九一六年逝世後，柏蒂與另一位妹妹潔西卡出面將科爾曼告上法庭。在法庭上，她們證明了自己擁有這首曲調的版權，從此這首歌曲的法定版權就屬於希爾姐妹了。

這就是生日快樂歌的由來。

V形手勢是怎麼來的？

我們都知道手勢 V 代表成功，這是怎麼來的呢？據說，伸出兩根手指致意起源於英法百年戰爭。法國人揚言要砍掉所有英國人射箭的手指頭，結果最後英國大勝，因此擺出手指來炫耀己方的勝利。

除了表示勝利之外，V 字在有些國家還有其特定的意思，如：在荷蘭文中 V 代表自由；在塞爾維亞語裡則表示英雄氣概。

哪個國家的丈夫一定要會劈柴？

如果你參加俄羅斯人的婚禮，看到新郎在婚禮上舉起明晃晃的斧頭時，千萬不要大驚小怪。

這絕不是什麼不祥之兆，而是他們正按照古老風

俗舉行著傳統的劈木柴儀式。那裡的人認為，新郎是否會劈木柴，表示著他能否持家。

婚禮上，新郎必須舉起斧頭，把樹段劈成一塊塊木柴，並在爐心裡點燃，此時大家就會讚美姑娘找到一位好新郎，人們也會祝願新郎新娘的愛情之火就像爐火一樣越燒越旺。

哪個國家禁止下象棋？

象棋是一個很有趣的活動。可是有些國家卻禁止下象棋。沙烏地阿拉伯就嚴令禁止人們下象棋。因為他們認為，象棋裡的車、馬、象甚至小卒都可以進攻國王和王宮，所以下棋就等於鼓勵臣下弒君，是犯上作亂的行為。

所以，在沙烏地阿拉伯，任何人都不得下象棋。

哪個國家忌諱用左手？

大部分人都是右撇子，習慣用右手，但並不忌諱用左手。但是在一些地方，人們是忌諱用左手的。例如：馬來西亞人認為左手是不清潔的，因此忌諱用左手，所以與人握手，更是不能用左手。在用餐之前也必須把手洗乾淨，儘管如此，在用手拿取食物之前，仍要出於禮貌把手放在水中沾濕，並且取食時也絕對禁用左手，只有當右手拿著食物時才可以用左手去取湯匙或拿杯盤，並且必須說一聲「請原諒」。

就連收授禮品也禁用左手，否則會非常失禮。

麵團和退婚有什麼關係？

退婚的理由有很多，但是你聽過麵團不發酵也可以構成退婚的理由嗎？

在巴基斯坦的某些地方流行一種古老的傳統，就是將過門的新娘，必須親手為全家人揉一個麵團，這麵團要大到可以做出二十公斤重的大麵包。

如果這個麵團發酵不起來，男方可以理直氣壯地退婚。

i-smart

智學堂

智慧是學習的殿堂

★ 親愛的讀者您好，感謝您購買 ____禿頭的人會有頭皮屑嗎？____ 這本書！
____冷知識追追追____

為了提供您更好的服務品質，請務必填寫回函資料後寄回，
我們將贈送您一本好書（隨機選贈）及生日當月購書優惠，
您的意見與建議是我們不斷進步的目標，智學堂文化再一次
感謝您的支持！
想知道更多更即時的訊息，請搜尋 "永續圖書粉絲團"

您也可以使用以下傳真電話或是掃描圖檔寄回本公司電子信箱，謝謝！

傳真電話：　　　　　　　　　電子信箱：
（02）8647-3660　　　　　　yungjiuh@ms45.hinet.net

姓名：_____　○先生　生日：_____　電話：_____
　　　　　　　　　　　　○小姐

地址：_____

E-mail：_____

購買地點（店名）：_____　購買金額：_____

職　　業：○學生　○大眾傳播　○自由業　○資訊業　○金融業　○服務業　○教職
　　　　　○軍警　○製造業　○公職　○其他_____

教育程度：○高中以下（含高中）　○大學、專科　○研究所以上

您對本書的意見：☆內容　　　　○符合期待　○普通　○尚改進　○不符合期待
　　　　　　　　☆排版　　　　○符合期待　○普通　○尚改進　○不符合期待
　　　　　　　　☆文字閱讀　　○符合期待　○普通　○尚改進　○不符合期待
　　　　　　　　☆封面設計　　○符合期待　○普通　○尚改進　○不符合期待
　　　　　　　　☆印刷品質　　○符合期待　○普通　○尚改進　○不符合期待

您的寶貴建議：